CH0067344

Valerio Vial

DELITTI DI MARE

ITALIAN FOR BEGINNERS

Humorous Crime Stories
to Learn and Review

© 2019 Valerio Vial
Cover design: Carolin Liepins, Valerio Vial, Munich, Germany. Images used under license from Shutterstock.com and ClipDealer.com (ice cream).
Illustrations: Friederike Ablang, Berlin, Germany
Editor: Stefanie Höfling M.A., Wiesbaden, Germany
English translation: Emily Pickerill, Valerio Vial, Munich, Germany

Publisher: tredition, Hamburg, Germany

ISBN Paperback   978-3-7482-4405-9

Contents

List of exercises

Preface

You have already learned a bit of Italian and want to refresh and expand your basic knowledge? Or perhaps you are attending an introductory class and want to use what you have learned so far to take the plunge into the world of Italian literature in an easy and enjoyable way? If so, then this is the right book for you. The texts and exercises in this volume allow you to train your reading ability while refreshing, consolidating and expanding your vocabulary and knowledge of grammar.

The book includes five crime short stories that you can read in any order. Each page of text includes an explanation of difficult vocabulary in the footnotes. However, words that are similar to English are left out for the sake of simplicity. If needed, you can find a list of all vocabulary words in the book with the corresponding English translation on page 94, eliminating the need for a dictionary while reading. Please note: the English translations reflect the context in which the words and expressions appear in the book.

The exercises at the end of each text review the most important beginning-level Italian vocabulary and grammar structures (corresponding to level A1 of the *Common European Framework of Reference for Languages*). They allow you to immediately train and consolidate the knowledge you have refreshed. The solutions to all exercises can be found on page 92.

This volume of crime stories can also be used alongside a course, allowing the learned material to be reviewed and deepened at home.

A welcome side-benefit is that this book is humorous and connects language practice with pleasure. Each text is made up of various scenes; scene changes are each introduced with the symbol ********. Do not be discouraged if you do not immediately understand a twist in the plot. Rather, you should imagine that you find yourself in Italy and are eavesdropping behind a door. What you are listening to (or reading, that is) paints a picture in your mind, along with your background knowledge. Set these pictures free to tell their own story! Foreign languages are best learned precisely through active thinking on the part of the learner. And now… enjoy your reading!

Buona lettura e buon divertimento!
Valerio Vial

List of abbreviations: m/masc. = masculine; f/fem. = feminine; sing. = singular; pl/plur. = plural; qn. = *qualcuno* (someone); qc. = *qualcosa* (something); so. = someone; sth. = something; approx. = approximately; lit. = literally; AE = American English; BE = British English

Il selfie

«Che bella vacanza! Ho **proprio** bisogno di un po' di relax!»

«Anch'io, Gabriella. Dopo tutto lo stress degli ultimi mesi... Fare il maresciallo dei carabinieri è un lavoro stressante, lo sai?»

«Certo che lo so! Non vieni mai a casa per il pranzo, torni sempre tardi la sera, a volte lavori anche il fine settimana... e non hai mai tempo per me!»

«Mi dispiace, cara. Ma adesso siamo in vacanza e abbiamo ancora due settimane tutte per noi.»

«E domani andiamo alle Cinque Terre! **Non vedo l'ora di** vedere quei posti! Ma ieri Portofino ti è piaciuta, no?» domanda Gabriella.

---

proprio	(here:) really
non vedere l'ora di	can hardly wait to

«Ma certo! Non hai visto che bei panorami? Aspetta, ti mostro sul tablet le foto che ho fatto. Al lavoro dicono tutti che sono un bravo fotografo, sai?»

«Se lo dicono anche i tuoi colleghi del RIS, allora è proprio vero.»

«**Molto spiritosa**... Ecco qua. Allora, questa è la famosa piazzetta... e questo qui il castello.»

«Belle! E quella dopo?»

«Questo **invece** è il selfie che hai voluto fare tu ieri sera.»

«Beh, anche questa è venuta bene, no?»

> The abbreviation RIS (*Reparto Investigazioni Scientifiche*) refers colloquially to the division of the Carabinieri responsible for searching for clues and gathering evidence, including taking pictures, at the scene of the crime.

«Sì, ma non vedi che noi non siamo al centro della foto? E poi, Gabriella, perché hai voluto fare il selfie lì, davanti a un **albergo**?»

«Ma è **proprio** questo il bello di un selfie: è una cosa spontanea!»

«E poi anche i colori e la **luce** non vanno bene...»

«Ah, adesso ho capito! Il mio selfie non ti piace solo perché tu hai gli occhi chiusi, vero?»

molto spiritoso	very funny
invece	instead
l'albergo *m*	hotel
proprio	(here:) exactly
la luce	light

Il maresciallo Marchetti non risponde.

«Giulio, perché hai chiuso gli occhi? Hai forse paura di un selfie?»

Il maresciallo tocca più volte lo **schermo**.

«Giulio, **che cosa c'è**?»

«Non ci posso credere...»

«Non puoi credere *a cosa*?»

«Qui, in alto a destra... Non vedi?»

«Beh, è un albergo. E allora, cosa c'è di strano?»

«A quella finestra, non vedi?»

Marchetti **ingrandisce** ancora di più la foto.

«Ecco, lo vedi anche tu adesso?»

«Ma è semplicemente una donna in una stanza d'albergo...»

«...con un **coltello** in mano... Non capisci? Lei **sta minacciando** qualcuno! Non vedi il suo **viso**?»

«Ma Giulio! Devi sempre pensare al tuo lavoro?! Non puoi rilassarti e **goderti** le vacanze per una volta?»

«Gabriella, questo qui è un crimine!»

lo schermo	screen
Che cosa c'è?	What's the matter?
ingrandire	to enlarge
il coltello	knife
minacciare	to threaten
il viso	face
godersi	to enjoy

«Secondo me quella donna **aveva** un coltello in mano perché **stava preparando** qualcosa da mangiare…»

«Certo, come no! E lo **teneva puntato verso** il marito che non **voleva** aiutarla… Ma per favore!»

«Beh, cosa vuoi fare adesso? Ti ricordo che siamo in vacanza e domani vogliamo andare alle Cinque Terre. Non hai voglia di fare una passeggiata romantica con me sulla Via dell'Amore?»

Via dell'Amore is the most spectacular and romantic part of a 12km hiking path along the steep cliffs on the Ligurian coast. This path connects the *Cinque Terre*, five most popular fishing villages among tourists.

«Gabriella, ma lo sai quello che mi stai chiedendo?! Ora mando subito questa foto per mail ai carabinieri di Portofino e poi torno lì a parlare con loro!»

«Vuoi tornare a Portofino adesso?!»

«Perché no? Sono solo due ore di strada.»

«E ci vuoi andare così, in **pantaloncini da bagno**?»

---

aveva (avere)	he/she/it had
stava preparando	he/she/it was preparing
teneva (tenere) puntato qc. verso qn.	he/she/it pointed sth. at so.
voleva (volere)	he/she/it wanted
i pantaloncini da bagno	swim shorts

«Gabriella, qualcuno è in **pericolo**! Non c'è un minuto di tempo da perdere!»

****

«Ma maresciallo, è venuto qui da noi così, in pantaloncini da bagno… Non **era** necessario…»

«Non c'è problema, capitano, per il mio lavoro faccio questo **ed altro**.»

«Non ha capito. Voglio dire che davvero non era necessario. Quella donna noi la conosciamo già.»

«Davvero? La conoscete già?»

«Sì: Nadia Carbone, 37 anni. L'abbiamo riconosciuta subito dalla foto che Lei ci ha mandato. Vede lì?»

«Che cosa?»

«Quella montagna di documenti? Sono le informazioni che abbiamo su di lei: **furti**, **rapine**, **traffico di droga**… ogni tre-quattro mesi abbiamo a che fare con la Carbone.»

«E non l'avete ancora presa?»

«Purtroppo no. Ha molti contatti nel mondo criminale, non dorme mai nello stesso posto e ogni tanto va anche all'estero per qualche settimana. Per questo è molto difficile prenderla.»

«D'accordo, ma… perché era in quell'albergo?»

---

il pericolo	danger
era (essere)	he/she/it was
ed altro	and even more
il **furto**	theft
la **rapina**	robbery
il **traffico di droga**	drug trafficking

«Siamo **appena** andati lì con la Sua foto a chiedere spiegazioni. Nessuno però in albergo ha visto quella donna entrare o uscire.»

«Ma chi era con lei in quella stanza? Avete controllato la lista dei clienti?»

«Caro maresciallo, anche a Portofino i carabinieri sanno fare il loro lavoro! Dunque, quella stanza era libera. Questo significa che la Carbone in qualche modo **è riuscita a** entrare.»

«E poi?»

«Probabilmente **ha costretto** un cliente dell'albergo a **seguirla** nella stanza e l'**ha derubato**. Più di così però non sappiamo.»

«Ma come?! Nessuno **ha presentato denuncia**?»

Il capitano va vicino al maresciallo e gli parla **a bassa voce**.

«Maresciallo, quello è un hotel di grande lusso! Ci va gente molto ricca e molto famosa. Attori, politici, sportivi... Non vogliono **finire** sui giornali per queste cose e preferiscono non perdere tempo con i

appena	just
riuscire a fare qc.	to succeed in doing sth.
costringere (costretto) qn. a fare qc.	to force so. to do sth.
seguire	to follow
derubare	to rob
presentare denuncia	to report a crime (to the police)
a bassa voce	in a low voice
finire	(here:) to end up

carabinieri. E poi per loro avere in tasca duecento euro in più o in meno non fa molta differenza...»

****

«Allora stasera torni. Che bello, mi fa molto piacere!» dice la moglie di Marchetti al telefono.

«Sì, però...»

«Cosa c'è adesso? Preferisci stare lì a lavorare?»

«No, ma c'è qualcosa che non mi convince in questa storia.»

«E perché?»

«Mi **sembra** tutto un po' troppo semplice... e anche un po' troppo strano: nessuno in albergo vede quella criminale entrare o uscire, nessun cliente presenta denuncia...»

«**Ci risiamo**! Senti, perché non cambiamo **argomento**? Sai, ho provato anch'io a ingrandire i miei selfie come fai tu, ma mi vengono sempre **storti**!»

«Allora devi **ruotare** il tablet: è **una questione di**...»

«È **una questione di**...? Giulio? Sei ancora lì?»

«Ma certo! Perché non ci ho pensato prima?!»

«Ti senti bene?»

---

sembrare	to seem
Ci risiamo!	There you go again!
l'argomento m	subject
storto	(here:) upside-down
ruotare	to rotate
una questione di	a matter of

«È TUTTA UNA QUESTIONE DI **PROSPETTIVA**!!»

«E lo devi **gridare** in questo modo? Ho capito, provo anch'io a ruotare il tablet come dici tu.»

«Ma no! Non sto parlando delle tue foto! Sto parlando della *mia* foto! È tutta una questione di prospettiva!! Amore, mi dispiace, ma stasera devo assolutamente controllare una cosa. Torno domani, va bene?»

****

«Buongiorno.»

«Buongiorno, signore. Mi dica.»

«Vorrei una camera singola per una notte.»

«Una camera singola per una notte… Sì, Le posso dare la camera 231.»

«Un momento. **Non** vorrei una camera **qualsiasi**…»

«Prego?»

«Voglio dire: vorrei la camera che avete al terzo **piano** in fondo al corridoio.»

«Ah, quella, la 336. Un attimo, prego… No, mi dispiace: quella camera è occupata.»

«Ah, è occupata. Capisco. E se torno domani?»

«Come, scusi?»

la prospettiva	perspective
gridare	to shout
non … qualsiasi	not just any …
il piano	floor

«Se torno domani, la trovo libera? Sa, a me piace fotografare, è il mio hobby. E secondo me da quella camera si può vedere un panorama fantastico!»

«Beh, **veramente** è lo stesso panorama che si vede anche dalle altre camere su quel piano...»

«Sì, ma da quella camera è possibile fotografare il **tramonto** sul mare con un'**angolazione** molto particolare! Per Lei forse è un po' difficile capire se non è un esperto di fotografia...»

«Ah, certo. Dunque, vediamo... No, purtroppo quella camera è occupata per tutta l'estate. Sa, è un cliente che viene da tanti anni e...»

«Va bene, d'accordo, **non fa niente**. Ne ha allora un'altra sullo stesso piano?»

«Sullo stesso piano... Beh sì, Le posso dare la camera numero 344. Ha il balcone che **dà sullo** stesso **lato** dell'albergo. Spero che l'angolazione...»

«...per l'angolazione trovo sicuramente una soluzione. Va bene così, La ringrazio.»

****

Il maresciallo Marchetti arriva al terzo piano. Lascia la borsa da spiaggia nella sua stanza. Poi esce e

---

veramente	(here:) actually
il tramonto	sunset
l'angolazione f	angle of vision
non fa niente	it doesn't matter
dare su	to look onto
il lato	side

va subito alla stanza 336. **Avvicina l'orecchio alla** porta. Non si sente niente. Allora prende dalla tasca un **passe-partout** e apre lentamente la porta. **Sta** molto **attento a** non fare **rumore**.

Piano piano, con la pistola in mano, il maresciallo entra nella stanza. Non vede nessuno. Guarda anche in bagno e sotto il letto. Niente. Poi apre l'armadio e i cassetti. Anche qui niente.

«La stanza è completamente vuota, qui non dorme nessuno», pensa tra sé. «**Altro che** "cliente che viene qui da tanti anni"…»

Allora il maresciallo va alla finestra, la famosa finestra della foto.

«**Magari** adesso c'è un poliziotto in vacanza che sta facendo un selfie con la moglie davanti all'albergo… Forse è meglio se metto via la pistola» pensa e **ride**.

In quel momento sente dei **passi**. Qualcuno sta camminando su quel piano. I passi si avvicinano

---

avvicinare l'orecchio a	to place one's ear against
il passe-partout	master key
stare attento a	to pay attention to
il rumore	noise
piano piano	very slowly
Altro che…	(approx.:) So much for…
magari	(here:) maybe, perhaps
ridere	to laugh
il passo	footstep

sempre di più: sta venendo **proprio** in quella direzione!

«E adesso?» si chiede Marchetti. «Ma certo, **mi nascondo** nell'armadio.»

Si apre la porta. Entra qualcuno.

«Non parla, probabilmente è solo» pensa Marchetti, chiuso nell'armadio con la pistola in mano.

Dopo qualche minuto si sentono **di nuovo** dei passi nel corridoio. Sono più **pesanti**, questa volta.

Toc, toc!

«Sì?» dice una voce di donna.

«Sono un cliente» risponde la voce di un uomo.

«Parola d'ordine?»

«Azzurro.»

«Le apro la porta. Prego, entri.»

«Grazie.»

«Quanto Le serve?»

«Cinque grammi.»

«Sono cinquecento euro.»

«Cinquecento euro?! Ma è sempre più cara!»

«Sono sicura che per Lei non è un problema!»

proprio	(here:) just
nascondersi	to hide oneself
di nuovo	again
pesante	heavy
Toc, toc!	Knock, knock!
la parola d'ordine	code word
Quanto Le serve?	How much do you need?

«Lo penso anch'io!» grida il maresciallo, che esce dall'armadio **con la pistola puntata**.

****

Il giorno dopo, a Monterosso, uno dei paesi delle Cinque Terre.

«Gabriella, ti immagini la faccia del capitano quando gli **ho raccontato** tutta la storia?»

«Ma gli hai anche spiegato come ti è venuta l'intuizione giusta?»

«Certo, l'ho detto anche a lui: è tutta questione di prospettiva! Naturalmente non parlo della prospettiva della foto, ma del nostro punto di vista: la criminale che si vede nel selfie non sta minacciando nessuno, lei si sta semplicemente difendendo. Questo significa che in quella stanza c'è qualcuno che sta minacciando lei. Ecco perché nessuno ha presentato denuncia...»

«È per questo allora che sei andato in albergo a controllare?»

«Certo! Ho subito pensato a un traffico di droga: forse quel "qualcuno" era un cliente che non voleva pagare...»

«...o che voleva qualcos'altro da lei...»

«Brava Gabriella, vedo che anche tu stai imparando a risolvere i miei casi! Naturalmente è per questo che nessuno in hotel voleva parlare...»

---

con la pistola puntata	with his pistol drawn
raccontare	to tell

«Ma perché lì in albergo erano d'accordo con quella donna?»

«È una bella domanda, l'ho fatta anch'io al direttore. Sai qual è stata la sua risposta? "La droga? Beh, è un servizio in più per i nostri clienti…". **Ma pensa un po'**…»

«**Comunque** ora questa storia è finita e possiamo finalmente **gustarci** le nostre vacanze.»

«Ah già, le vacanze. Dopo tutto quello che **è successo** non ricordo neanche più cosa abbiamo visto **finora** in Liguria…» dice il maresciallo.

«Davvero?»

«Eh sì. Magari guardo un po' le foto, così mi **torna in mente**. Ma… dove hai messo il mio tablet?»

«Eh no, Giulio, il tablet no!»

«Dai, Gabriella, voglio solo guardare le foto!»

«No, no, no! Non puoi pensare sempre al tuo lavoro! Siamo in vacanza!»

«Cara, ti ho già detto che i tuoi selfie sono molto belli?»

«Non ti credo.»

«Davvero, mi piacciono molto!»

«Lo dici così per dire.»

«No, è vero! Ne… ne hai fatti altri?»

Ma pensa un po'…	(approx.:) Fancy that…
comunque	anyway
gustarsi	to enjoy
succedere (successo)	to happen
finora	so far
tornare in mente	to come to mind again

L'angolo della lingua • 1

1) Regular verbs. Put the verbs in brackets into the present tense.

1. Giulio e Gabriella (partire) _____ per le vacanze. Al mare (cercare) _____ un po' di relax.
2. Nel selfie della moglie Giulio (vedere) _____ un dettaglio importante.
3. Giulio (capire) _____ che deve fare qualcosa e (tornare) _____ subito a Portofino.
4. Giulio, ma perché (lavorare) _____ anche in vacanza?
5. Gabriella, dov'è il mio tablet? Perché non mi (rispondere) _____?

2) Put the words in the right order.

1. sempre / tardi / torna
   Giulio _____ la sera.
2. va / a casa / mai / non
   Giulio _____ per il pranzo.
3. pensa / al suo lavoro / sempre
   Giulio _____.
4. trova / nessuno / non
   Nella stanza 336 Giulio _____.
5. selfie / ha / fatto / mai / un / non
   Giulio _____.

3) Places in the city. Fill in the right words.

Come si chiama il luogo dove…

1. …si prende il treno?   la _____
2. …si spedisce un pacco?   l' _____
3. …si vendono medicinali?   la _____
4. …si aspetta l'autobus?   la _____
5. …si prende l'aereo?   l' _____
6. …si fa la spesa?   il _____
7. …si vendono giornali?   l' _____
8. …si vendono scarpe?   il _____

4) At the hotel reception. Put the letters in the right order and fill in the sentences.

1. Preferisce una camera _____ (trimano-lemia) o _____ (padpoi)?
2. Prende la (ezmaz) _____ pensione o la pensione _____ (pelcmoat)?
3. A che ora è la _____ (caozelnio)?
4. La camera ha un _____ (nelcoba) con vista sul mare?
5. C'è un _____ (gipargheco) per gli ospiti dell'albergo?
6. Mi chiamo Giulio Marchetti. Purtroppo non ho una camera _____ (tanrepoat).

Il professore

«Ecco, guarda questa foto. È lui.»

«Quale?»

«Quello con i capelli lunghi e la barba.»

«Chi è?»

«Un professore universitario: Leonardo Curioso-ne.»

«E **perché proprio lui**?»

«**Ha scoperto** le nostre attività. Sa chi siamo, sa che **abbiamo buttato** in mare grandi quantità di **rifiuti nucleari** e sa anche dove. Sono sicuro che sa già tutto di noi. Sta solo aspettando il momento giusto per parlare con i giornalisti.»

Perché proprio lui?	Why him (of all people)?
scoprire (scoperto)	to discover
buttare	to throw
i rifiuti nucleari	nuclear waste

«Per questo lo vuole eliminare, **capo**?»

«Non c'è alternativa. Tu però…»

«Sì, lo so: io devo solo fare il mio lavoro.»

«Esattamente. E il tuo compito questa volta non è difficile: il professore non ha molta esperienza con le donne.»

«Che tipo è?»

«È intelligente, ma anche **noioso**… *molto* noioso. Sa tantissime cose, ma certamente non sa come portare a letto una donna.»

«Allora devo fare tutto io.»

«Sì, ma **non preoccuparti**: ho già pensato io ai dettagli. Dunque, tu sei una studentessa che vuole fare la **tesi di laurea** con lui, per questo hai bisogno di parlargli. Senti un po': la tesi è sulle **acciughe** del Mar Ionio. Ti piace il tema?»

«Sì, ma…»

«**Cosa c'è?**»

«Io non so niente sulle acciughe del Mar Ionio!»

«Questo è chiaro. Ecco, qui c'è una lista di domande che puoi fargli. Devi solo **impararle a memoria**. Poi ascolti le sue risposte senza commentare.»

il capo	boss
noioso	boring
non preoccuparti	don't worry
la tesi di laurea	(here:) undergraduate thesis
l'acciuga *f*	anchovy
Cosa c'è?	What's the matter?
imparare a memoria	to learn by heart

«Va bene.»

«Alla prima **occasione** lo inviti a bere qualcosa oppure a cena al ristorante. Deve assolutamente capire che sei interessata a lui!»

«E poi?»

«Poi vai a casa sua. Passate la serata insieme, lui ti offre da bere e, quando esce dalla stanza, tu metti questa **polvere** nel suo bicchiere. Una o due ore dopo il prof è già **morto**.»

«Non lo posso fare anche al bar?»

«No. C'è troppa gente. Il prof è molto **conosciuto** e noi non abbiamo bisogno di pubblicità.»

«D'accordo, ma…»

«Niente "ma". Ecco, vedi questi soldi? A lavoro finito, sono tuoi.»

****

«Signorina, sa che ha avuto davvero una bella idea a venire qui al bar?»

«Non esce mai dal Suo ufficio, professore?»

«Non per gli appuntamenti con i miei studenti. Però anche questo è un posto perfetto per parlare di acciughe del Mar Ionio. È questo il tema della Sua tesi, no?»

---

l'occasione *f*	(here:) opportunity
la polvere	powder
morto	dead
conosciuto	well-known

«Ah sì, certo, le acciughe del Mar Ionio. Ma… professore, Le ho già detto che Lei **assomiglia** tanto **al** mio ex?»

«Come, scusi?»

«Sì, ha gli occhi chiari come lui.»

«Beh, avere gli occhi chiari non è niente di **particolare**. In molti paesi europei la **maggioranza** delle persone ha gli occhi chiari e anche nel Nord Italia gli occhi chiari sono molto **diffusi**. E poi… anche Lei ha gli occhi azzurri.»

«Sì, ma non è solo per il colore degli occhi. Anche Lei è… **pieno** di capelli, **proprio** come il mio ex.»

«Anche questo è normale: le persone con i capelli castani hanno circa centomila capelli in testa. Chi ha i capelli rossi ne ha settantacinquemila e Lei che è bionda ne ha **addirittura** centocinquantamila!»

«Ecco, questa però è una qualità che il mio ex non ha!»

«Di cosa sta parlando?»

«Lei sa moltissime cose, sa tutto di tutto, è una persona **di grandissima cultura**!»

---

assomigliare a	to look like
particolare	(here:) special
la maggioranza	majority
diffuso	widespread
pieno	full
proprio	(here:) exactly
addirittura	even
di grandissima cultura	very educated

«Beh, a dire la **verità**, io *so di non sapere*. Chi crede di sapere, **invece**, molto spesso non sa. Questo però non l'ho detto io, è un pensiero del filosofo Socrate.»

«Ah, interessante.»

«Ma non vogliamo parlare un po' delle acciughe del Mar Ionio? È veramente un tema di grande interesse!» dice il professore.

«Certo, come no...»

«Come Lei sicuramente sa, le acciughe di solito sono lunghe dai 15 ai 17 centimetri. Quelle del Mar Ionio però...»

«...sono più lunghe?»

«Assolutamente no! Negli ultimi anni **sono diventate sempre più corte**!»

«Ma per la pizza vanno bene **lo stesso**, no?»

«Non è tutto: ora penso di avere anche capito perché sono sempre più corte. Le posso dire una cosa... **riservata**?»

«Ma certo, professore.»

«Poco tempo fa ho scoperto delle cose incredibili sul Mar Ionio. E ora voglio **raccontarle** ai giornali, perché tutti devono saperle!»

---

la verità	truth
invece	(here:) on the contrary
diventare	to become
sempre più corto	shorter and shorter
lo stesso	(here:) all the same
riservato	(here:) confidential
raccontare	to tell

«Oh… davvero? Di… di cosa sta parlando?»

«Non è ancora il momento. Però se fa una bella tesi sulle acciughe del Mar Ionio, Le posso raccontare qualcosa di più.»

****

«Pronto, capo? Sono io.»

«Allora, come è andata con il prof?»

«Ha ragione Lei: lo dobbiamo eliminare.»

«Sei già stata a casa sua?»

«Non ancora.»

«E cosa aspetti?!»

«Domani sera vado da lui con una scusa.»

«Sai dove abita?»

«Ha un appartamento qui in città. La sua segretaria mi ha dato l'indirizzo.»

«Nessuno deve sapere che vai da lui!»

«**Non si preoccupi**, la segretaria non apre bocca.»

«Ne sei sicura?»

«Certo, per mille euro mi ha voluto dare anche l'indirizzo della casa al mare…»

«Mille euro per un indirizzo?! Di solito sono gli uomini che ti invitano **a casa loro**!»

«Lo so, capo, ma quel prof è un **osso duro**…»

---

non si preoccupi	don't worry (formal)
a casa loro	to their home
l'osso *m* **duro**	hard nut to crack; (lit.:) a hard bone

«Non per te! Tu sei bella, alta, bionda, con gli occhi azzurri… E poi hai talento per queste cose!»

«Grazie, capo.»

«Allora aspetto tue notizie.»

****

«Buonasera, professore!»

«Ah, signorina, è Lei…»

«Mi scusi se vengo a casa Sua a quest'ora. La disturbo?»

«Ehm… no, no, non si preoccupi. Prego, **entri**.»

«Grazie.»

> The form of address *signorina* has become quite old-fashioned. It is now only rarely used for young and single women, usually to emphasize a difference in age.

«Ma… Le ho dato io il mio indirizzo?»

«No, professore, ma ho assolutamente bisogno di parlare con Lei!»

«Ha qualche problema con le acciughe?»

«Con le acciughe?»

«Sì, le acciughe del Mar Ionio.»

«Ah sì, la mia tesi…»

«C'è **qualcosa che non va**?»

«Con la tesi? No, no, va tutto bene.»

«E allora? Posso fare qualcos'altro per Lei?»

«Ecco… Sua moglie non è in casa?»

«Io non sono **sposato**.»

---

entri	come in (formal)
qualcosa che non va	something wrong
sposato	married

«Davvero? E cosa fa una persona interessante come Lei tutta sola?»

«Non sono solo: vivo con **Atomo**, il mio **gatto persiano**.»

«D'accordo, ma cosa fa la sera quando è qui a casa con Atomo?»

«Leggo l'enciclopedia, guardo un documentario… le cose che si fanno di solito la sera a casa. Ma è venuta qui da me per farmi queste domande?»

«No, professore, non per questo. Lei forse non crede a queste cose, ma… sa cosa dice il mio oroscopo di oggi? Dice: "È arrivato il vostro momento: oggi potete cambiare la vostra vita, ma solo se **scegliete** di stare insieme a una persona davvero speciale!" Allora io ho pensato a Lei.»

«A me?!»

«Sì, a Lei, professore. Perché, sa, c'è anche un'altra cosa…»

«E quale?»

«Beh, le **stelle** dicono che questo è il mio **anno fortunato**! Non per il lavoro, non per il gioco, non per i soldi, ma…»

«Per lo studio?»

«No, non per lo studio! Questo è il mio anno fortunato per l'am…»

Atomo	(lit.:) atom
il gatto persiano	Persian cat
scegliere	to choose
la stella	star
l'anno m **fortunato**	lucky year

«Per l'amicizia?»

«Ma no, professore! Questo è il mio anno fortunato per l'amore!! Devo soltanto trovare una persona con il **segno zodiacale** giusto! Sa, io sono dei **Gemelli** e sto cercando un **Leone**. E secondo le mie informazioni, Lei...»

«Io...?»

«Lei è un bellissimo esemplare di...»

«Di **Scimmia**! Secondo l'oroscopo cinese io sono una Scimmia. **Ma insomma**, signorina, si può sapere che cosa vuole da me?! Viene di sera a casa mia, senza neanche un appuntamento, e inizia a parlarmi dell'oroscopo!»

«E va bene, professore, allora Le faccio una domanda più diretta: Lei non ha una **collezione di francobolli** da **mostrarmi**?»

«Una collezione di francobolli?!»

«Sì, la collezione di francobolli che gli uomini di solito vogliono mostrare alle donne... Lei non ce l'ha?»

«Signorina, questa per me è davvero una bella sorpresa.»

---

il segno zodiacale	zodiacal sign
i Gemelli	Gemini; (lit.:) twins
il Leone	Leo; (lit.:) lion
la Scimmia	Monkey
ma insomma	for heaven's sake
la collezione di francobolli	etchings (flirtation); (lit.:) collection stamp
mostrare	to show

«Ah sì?»

«Sa, io non sono più molto giovane e so anche di essere un tipo un po' particolare, però…»

«Però…?»

«Se Lei mi chiede di vedere la mia collezione di francobolli, beh… non posso proprio dirLe di no…»

«Oh, vede che anche Lei ha la Sua collezione di francobolli? Così mi piace, professore!»

«Ma non è curioso?»

«Che cosa?»

«Anche Lei, così giovane, ha la passione dei francobolli.»

«Sì, ma… io non sto parlando di francobolli veri!»

«Signorina, Lei è davvero una persona dalle mille sorprese.»

«Non capisco.»

«Non solo ha la passione dei francobolli, ma si interessa addirittura di francobolli falsi!»

«Cosa?!»

«È una disciplina per specialisti, lo sa?»

«Oh, **santo cielo!**»

«No, no, non deve pensare male di me! I francobolli falsi che ho io non sono più in commercio!»

«Non è possibile…»

«Facciamo così: vado subito a prendere la mia collezione di francobolli falsi, così può vedere anche Lei che non sono più in commercio.»

Santo cielo!   (approx.:) Good heavens!

«Questo è davvero troppo…»

«Prima però Le posso offrire qualcosa da bere?» chiede il professore.

«Ehm… cosa? Qualcosa da bere ha detto?»

«Sì, qualcosa da bere. Un bicchiere di vino, un liquore, uno spumante…?»

«Qualcosa da bere? Ehm… certo, sì, come no: qualcosa da bere… Allora prendo… un po' di spumante.»

«Volentieri. Ho uno spumante Talento. Va bene?»

> The term *Talento* refers to a high-quality sparkling wine produced from grape varieties from chosen wine-growing regions and involving a complex process—including a refermentation of the wine in the bottle.

«È perfetto.»

«Ecco a Lei.»

«Grazie.»

«Allora, **cin cin**!»

«**Alla salute!**»

«Adesso però vado nel mio studio a prendere i francobolli. Torno subito.»

Sola in soggiorno, la bella signorina bionda non perde tempo. Dalla borsetta prende una **bustina**, la apre e **versa** nello spumante del professore una polvere bianca come lo zucchero. Poi **si siede** sul divano.

Cin cin!	Cheers!
Alla salute!	To your health!
solo	(here:) alone
la bustina	sachet
versare	to pour
sedersi	to sit down

34

«Eccomi qua. Ho trovato i miei album di franco-bolli» dice il professore, che va a sedersi vicino a lei.

«Ah sì, che bello…»

«Cominciamo da questo. Ecco, vede? Questo è un francobollo inglese del 1971, l'ho comprato in un mercato del Botswana. È come l'originale. Voglio dire, è falso… ma non si vede!»

«Professore, non vogliamo **fare un** altro **brindi-si**?»

«Un momento, un momento. Questo qui, **invece**, viene dal Perù. E sa cosa? Non esiste neanche un originale di questo francobollo. Però è così bello che la gente per un paio d'anni l'ha usato e **basta**!»

«Beh, professore… se Lei non beve, allora bevo io.»

«Certo, certo. Preferisce forse vedere dei franco-bolli italiani falsi? Dunque… li **tengo** in quell'album lì.»

Il professore prende l'album di francobolli. Dalle prime pagine esce una foto. Il professore la prende in mano e la guarda, in silenzio.

«E quello sulla foto cos'è?» chiede la ragazza.

«Lui è Luna, un delfino. Luna, l'ho chiamato io così. Vede? Qui ha una **macchia** bianca a forma di **luna**.»

---

fare un brindisi	to drink a toast
invece	instead
basta	(here:) that's it
tenere	to keep
la macchia	spot
la luna	moon

«Bello! Dove l'ha incontrato?»

Il professore ha una **lacrima** agli occhi.

«C'è qualcosa che non va, professore?»

«No, no, è solo che… è una storia **triste** e anche un po' lunga.»

«Ho tempo.»

«Ha mai visto una **barca abbandonata** in mezzo al mare? Per me è come un messaggio in una bottiglia. Non si sa chi l'ha lasciata lì e perché. Forse qualcuno che vuole dirci qualcosa ma non vuole che lo sappiamo subito. Lo dobbiamo scoprire, dobbiamo andare sulla barca a vedere cosa c'è **dentro**. Sa, io sono sempre stato molto curioso.»

«Essere curiosi può anche essere una bella cosa…»

«Beh, da ragazzo, in Liguria, ho visto una di queste barche, a mezzo chilometro dalla costa. Sono subito andato in acqua e **ho nuotato** fino alla barca.»

«C'era qualcuno dentro?»

«No, ma ho trovato mobili, libri, vestiti… **era** come una casa in mezzo al mare. Nel motore c'era ancora benzina e allora io… sono partito. Ho fatto

la lacrima	tear
triste	sad
la barca	boat
abbandonato	abandoned
dentro	inside
nuotare	to swim
c'era (esserci)	there was
era (essere)	he/she/it was

qualche chilometro **verso** il mare aperto. La barca era bella, grande e veloce e io ho pensato: "Adesso è mia!". Poco dopo però ha cominciato a entrare acqua nella barca e il motore **si è fermato**. In pochi minuti metà della barca era già piena d'acqua. Allora io **mi sono tuffato** in mare e ho cominciato a nuotare per tornare a **riva**. Ma l'acqua era fredda e il vento forte; la riva era troppo lontana… Dopo qualche minuto ho capito che non c'era più niente da fare e ho detto addio alla vita.»

«Oh mio Dio…»

«Proprio in quel momento è arrivato Luna. Lui mi ha visto e mi è venuto vicino. Io l'ho preso e abbiamo nuotato insieme. Luna mi ha portato vicino alla costa. Qui dei turisti mi hanno aiutato e uno di loro gli ha fatto questa foto.»

«E poi? Lo ha visto ancora?»

«Qualche mese dopo c'è stato un grave incidente in quella zona di mare e una nave ha perso molto **petrolio**. Purtroppo **sono morti** tanti pesci e tra loro c'era anche Luna. L'ho visto sulla spiaggia di Arenzano.»

«Deve essere stato un brutto momento per Lei…»

---

verso	towards
fermarsi	(here:) to stall
tuffarsi	to dive into water
la riva	shore
il petrolio	oil
morire (morto)	to die

«Brutto sì, ma anche importante. Quell'anno ho deciso di fare l'università e di studiare il mare. Così sono diventato professore. Lo faccio per Luna, per dirgli grazie.»

«Capisco.»

«Questa lacrima però ora è Sua, signorina.»

«Sì, professore. Mi scusi.»

«Ma perché non beviamo ancora un po' di spumante… per stare un po' più **allegri**?»

«No, professore, lo spumante no!»

«Come, scusi?»

«Il Suo bicchiere lo prendo io! Questo spumante non si può bere, è… è **scaduto**! Lo **butto via** io.»

«Scaduto?! Ma se l'ho comprato una settimana fa!»

«Sono sicura: è scaduto. Faccio la cameriera nei fine settimana, so quando uno spumante è scaduto.»

«Ma allora beviamo qualcos'altro…»

«Grazie, professore, ma io ora devo andare.»

«Ma come? Va via così? Non abbiamo ancora finito di guardare i miei francobolli falsi!»

«Mi dispiace, ma devo proprio andare.»

«E le acciughe del Mar Ionio?»

«Mi scusi, professore. Mi scusi davvero.»

---

allegro	cheerful
scaduto	spoiled
buttare via	to throw away

✳✳✳✳✳✳✳✳✳

Salve capo,

questa volta non ho completato il mio compito. No, non è per il professore. Certo, lui è un osso davvero duro, ma non è per questo. È una mia decisione. La **prego** anche di non darmi altri **incarichi**. Da oggi voglio usare il mio talento per altre cose.

Flavia

---

pregare	(here:) to ask
l'incarico *m*	job

L'angolo della lingua • 2

5) Indefinite articles. Put the nouns in the right column.

aranciata • prosecco • spumante • liquore • grappa
• birra • acqua minerale • succo di frutta • aperitivo

un	uno	una	un'

6) How do you say it in Italian? Fill in the missing letters and add the definite article for each noun.

1.	the milk	il	__ a __ __ e
2.	the bread	__ __	__ __ __ e
3.	the vegetable	__ __	__ __ r __ __ __ a
4.	the fruit	__ __	__ __ __ t __ __
5.	the meat	__ __	__ __ r __ e
6.	the fish	il	__ __ s __ __
7.	the plate	__ __	__ i __ __ __ o
8.	the knife	__ __	c __ __ t __ __ l __
9.	the fork	la	f __ __ __ __ e __ t __
10.	the spoon	__ __	c __ __ __ h __ a __ o

7) Write the plural form of each noun and add the definite article.

1. la bottiglia _____
2. il tavolo _____
3. lo spumante _____
4. l'antipasto _____
5. il menù _____
6. l'isola _____
7. la lezione _____
8. il bar _____
9. l'animale _____
10. l'informazione _____

8) Irregular verbs. Put the verbs in brackets into the present tense.

1. Di solito non (uscire – io) _____ mai dal mio ufficio per incontrare gli studenti.
2. Flavia, quando (andare) _____ a casa sua?
3. Mi (dare – Lei) _____ l'indirizzo del professore?
4. Professore, mi scusi se (venire – io) _____ a casa Sua così, senza neanche un appuntamento…
5. La sera il professore e Atomo (stare) _____ a casa insieme.
6. Professore, (sapere) _____ cosa _____ (dire) il mio oroscopo di oggi?
7. Capo, da oggi non (fare – io) _____ più quello che vuole Lei!

La roulotte

«Caro?»

«Sì, cara?»

«Cosa hai voglia di mangiare questa sera?»

«Che cosa abbiamo?»

«Ho preparato un piatto fresco e leggero: risotto al limone e **menta**. Non **senti** il **profumo**?»

«Ah… va bene. Mangiamo quello che abbiamo.»

«Ti preparo qualcos'altro? Posso andare a prendere qualcosa al supermercato del campeggio, se vuoi.»

«No, non **serve**. Stasera non ho molta fame.»

«Non stai bene?»

---

la roulotte (pronunciation: *rulòt*)	camper (trailer) (AE) / caravan (BE)
la menta	mint
sentire	(here:) to smell
il profumo	(here:) scent
servire	(here:) to be necessary

«Sì, sì, sto bene. Ma ho mangiato prima una **fetta** di dolce con il vicino.»

«Ma lo sai che non puoi mangiare dolci! Il dottore ti dice sempre che alla tua età…»

«Il dottore, il dottore… A volte anche un po' di dolce può essere una buona medicina! E poi il vicino **voleva** ringraziarmi.»

«Ah sì?»

«Sì, perché gli **ho prestato** la macchina.»

«Gli hai dato la nostra macchina?!»

«La sua è dal meccanico. Ma **non preoccuparti**, domani sera torna. Ha detto che vuole soltanto **sbrigare** una cosa.»

«E tu dai la nostra macchina a uno **sconosciuto** senza dirmi niente?!»

«Non è uno sconosciuto: è il nostro vicino di campeggio! Lo conosciamo da un mese!»

«E se questa notte abbiamo bisogno della macchina? Che cosa facciamo?»

«La notte la passiamo qui in roulotte! Sicuramente non abbiamo bisogno della macchina!»

«Ecco, tu sei quello che sa sempre tutto, eh?»

«Eh no, sei tu che hai sempre paura di tutto!»

---

la fetta	slice
voleva (volere)	he/she/it wanted
prestare	to lend
non preoccuparti	don't worry
sbrigare	to carry out, to settle
lo sconosciuto	stranger

«E tu decidi sempre tutto da solo senza dirmi niente!»

«Oh, **basta**! Io non ho più fame! Vado a dormire! E il risotto lo puoi mangiare tu! **Tanto** a me non piace!»

«**Meglio** così! Allora lo mangio tutto io!»

****

«Pronto?»

«Sono io.»

«Don Carmelo, è Lei?! Che piacere sentirLa! Ma come sta? E come stanno a casa, tutti bene? Sua moglie, i Suoi bellissimi bambini e…»

«Basta, basta con le **chiacchiere**! Ho un piccolo lavoro per te, **Cercascuse**.»

In criminal circles, nicknames are common and often refer to a unique behavioral trait. On the other hand, gangster bosses are sometimes addressed with the traditional title *Don* (Lord).

«Un lavoro per me? Ma certo, Don Carmelo! Faccio tutto quello che vuole!»

«Così mi piace.»

«Mi dica, Don Carmelo, cosa posso fare per Lei?»

«Devi trasportare una valigia.»

basta	(here:) that's enough
tanto	(here:) anyway
meglio	better
la chiacchiera	chatter
Cercascuse	(lit.:) excuse seeker

«Naturalmente, Don Carmelo, non c'è nessun problema! Ha deciso di andare in vacanza per qualche giorno?»

«Non è la valigia delle vacanze, idiota! C'è qualcosa di molto importante **dentro**!»

«Davvero?»

«Non hai sentito parlare del **tesoro** sull'antica nave greca?»

«La nave che sta **in fondo al mare**, davanti alle coste della Calabria?»

«Esatto. Non hai sentito parlare del **furto**? La piccola statua **d'oro**…?»

«Ah, ma allora è stato Lei! **Come ho fatto a non pensarci?**»

«Non devi pensare troppo, Cercascuse. Devi solo fare quello che ti dico io.»

«Ha ragione, Don Carmelo.»

«Allora, questa notte vai al Campeggio *Frutti di Mare*.»

«Va bene.»

---

dentro	inside
il tesoro	treasure
in fondo al mare	on the sea floor
il furto	theft
d'oro	golden
Come ho fatto a non pensarci?	(approx.:) Why didn't I think of this?

«Vai con la tua macchina alla **piazzola** 41: lì c'è una roulotte senza macchina.»

«C'è qualcuno nella roulotte?»

«No, non c'è nessuno. Ma lì **abbiamo nascosto** la valigia con la statua.»

«Devo portare via la valigia dalla roulotte?»

«Assolutamente no! È troppo **rischioso**! Devi soltanto **agganciare** la roulotte alla tua macchina e andare via.»

«Via… dove?»

«A Napoli, al garage del nostro clan. Sono solo un paio d'ore di autostrada.»

«Don Carmelo, Lei lo sa: lavorare per Lei è un onore, ma… devo fare tutto da solo?»

«Meglio di no, Cercascuse. Vai con **Mezzacalzetta**, sa già tutto anche lui. Purtroppo non posso usare gli uomini del mio clan. Dopo il furto alla nave i carabinieri sicuramente ci stanno controllando.»

«Può **fidarsi di** noi al cento per cento, Don Carmelo!»

---

la piazzola	campsite (AE) / camping pitch (BE)
nascondere (nascosto)	to hide
rischioso	risky
agganciare	to couple up
Mezzacalzetta	(approx.:) small potato; (lit.:) half sock
fidarsi di	to trust

«Lo spero, Cercascuse. E ricorda: è la roulotte senza macchina alla piazzola 41. **Non puoi sbagliare**.»

****

«Caro?»

«Sì, cara?»

«Ci stiamo muovendo…»

«Hai fatto un brutto **sogno**, cara. Torna a dormire.»

«Non è un sogno, caro: la roulotte si sta muovendo davvero!»

«Forse hai mangiato troppo risotto. E ora, per favore, torna a dormire.»

> When the verb *stare* + *gerundio* is used in connection with reflexive verbs, the reflexive pronoun comes before the verb *stare: ci stiamo muovendo* (we are moving now).

«Caro, siamo in autostrada!»

«Non è possibile: la nostra macchina ce l'ha il vicino, non ricordi?»

«Ma perché allora non guardi fuori dal **finestrino**?»

«Oh, **santo cielo**! Qualcuno ha agganciato la nostra roulotte alla sua macchina!»

«Questo l'ho capito anch'io. E cosa facciamo adesso?»

Non puoi sbagliare.	You can't miss it.
il sogno	dream
il finestrino	window (of a vehicle)
Santo cielo!	(approx.:) Good heavens!

«Forse è meglio se chiamiamo la polizia...»

«Secondo te sono stati dei criminali a **rubare** la roulotte?»

«Non lo so... Ma non possiamo aspettare la prossima **sosta** per saperlo. Chiamiamo la polizia!»

«E va bene. Ecco il telefonino. Parla tu.»

****

«Ehi, Cercascuse...»

«**Cosa c'è**, Mezzacalzetta?»

«La... la statua...»

«Che cos'ha la statua?»

«La statua nella roulotte...»

«Ho capito che stai parlando della statua nella roulotte! Che problema c'è?»

«Si... si sta muovendo...»

«Cosa?!»

«Sì, si sta muovendo... Si è alzata e... ora **ha acceso** anche la **luce**.»

«Tu ieri sera hai bevuto troppo, Mezzacalzetta. Perché non dormi un po'? Tra poco siamo arrivati.»

«Non mi credi? Allora guarda un po' anche tu. Non vedi la luce?»

«**Accidenti**, ma hai ragione!!»

---

rubare	to steal
la sosta	stop
Cosa c'è?	What's up?
accendere (acceso)	to turn on
la luce	light
Accidenti!	Damn (it)!

«Cosa facciamo adesso?!»

«Dobbiamo **fermarci** e andare a vedere, no? Hai paura forse?»

«Io?! No! Non ho paura! Però…»

«Cosa c'è adesso?!»

«Sei sicuro che non **abbiamo svegliato** un **dio** dell'antica Grecia?»

«Mezzacalzetta, non dirmi che credi a queste cose?!»

«Una volta ho visto un documentario in televisione su un furto a un museo greco.»

«E allora?»

«Beh, quelli che hanno fatto il **colpo**… **sono** tutti **morti**!»

«Davvero? **Proprio**… proprio tutti?»

«Sì, tutti! In un paio d'anni sono tutti morti!»

«Mezzacalzetta, ora basta! Alla prossima **area di sosta** ci fermiamo e andiamo ad aprire la roulotte. Parlo io… con la statua. Italiani, greci, romani… siamo tutti fratelli, no? E poi oggi siamo anche tutti europei!»

---

fermarsi	to stop
svegliare	to wake
il dio	god
il colpo	coup
morire (morto)	to die
proprio	(here:) really
l'area *f* di sosta	rest area

✳✳✳✳✳✳✳✳✳

«Pronto, polizia?»

«Sì, pronto. Mi dica.»

«Ecco, senta, io e mia moglie abbiamo un grande problema.»

«Che problema avete?»

«Dunque, stiamo passando le vacanze in Calabria, in un campeggio al mare.»

«Sì…»

«In questo momento però siamo in autostrada e stiamo andando con la roulotte… **da qualche altra parte**…»

«Sì…»

«Il problema è che non sappiamo dove stiamo andando!»

«Vorrei avere anch'io i vostri problemi! Perché non vi fermate a un **distributore di benzina** a chiedere informazioni? Buone vacanze!»

«No, no, un momento! Non ha capito! Il problema è che non **sto guidando** io la macchina: io sono nella roulotte!»

«Senta, la polizia non può **occuparsi dei** vostri problemi di coppia. Deve parlare con Sua moglie e cercare una soluzione insieme a lei.»

---

da qualche altra parte	(here:) somewhere else
il distributore (di benzina)	filling station
guidare	to drive
occuparsi di	to take care of

«Ma anche mia moglie è qui con me nella roulotte! E non sappiamo chi sta guidando la macchina! Forse sono dei criminali!»

«Lei mi sta dicendo che qualcuno ha rubato la roulotte con voi dentro e non sapete dove sta andando?»

«È proprio così.»

«Va bene, mando una **volante** a controllare. Ho già localizzato il cellulare.»

«Per favore, **fate presto**!»

«Tra dieci minuti siamo da voi. Arrivederci.»

«Arrivederci.»

****

«Ecco, Mezzacalzetta, parcheggiamo qui.»

«D'accordo.»

«Sei un po' più tranquillo adesso?»

«**Veramente** no.»

«Sai cosa? Mezzacalzetta è proprio il nome giusto per te: hai sempre paura!»

«E tu allora, sei tranquillo?»

«Io sì. E lo sai perché? Secondo me è Don Carmelo che ci vuole **mettere alla prova**.»

«Don Carmelo?!»

---

la (**squadra**) **volante**	police patrol
fare presto	to hurry up
veramente	(here:) actually
mettere alla prova	to put to the test

«Sì, Don Carmelo. Vuole vedere la nostra reazione in una situazione di stress.»

«E perché vuole farlo?»

«Ma non capisci? Se **superiamo** questa prova, possiamo entrare anche noi nel suo clan!»

«Allora, secondo te nella roulotte c'è Don Carmelo?»

«Lui forse no, ma uno dei suoi uomini sì.»

«Ma se le cose stanno come dici tu... cosa dobbiamo fare?!»

«Niente panico. Immagina semplicemente... di essere in vacanza!»

«Forse hai ragione.»

«Ma certo che ho ragione, Mezzacalzetta! Dai, **scendiamo**!»

****

«Allora, cos'ha detto la polizia?»

«Mandano una volante a controllare. Ora possiamo solo aspettare.»

«Ma... dove stiamo andando adesso? Stiamo uscendo dall'autostrada?»

«No, è soltanto un'area di sosta.»

«Un'area di sosta? Allora vogliono parcheggiare!»

«Oh, mamma mia! Forse hanno visto la luce nella roulotte e adesso vengono qui a controllare. E se sono dei criminali? Cara, io ho paura!»

«Anch'io, caro. Ma forse ho un'idea. Ascolta...»

---

superare	(here:) to stand
scendere	(here:) to get out

****

Cercascuse e Mezzacalzetta scendono dalla macchina.

«Hmm, ma che buon profumo… Lo senti anche tu, Cercascuse?»

«Sì, buonissimo! Viene dalla roulotte!»

«Adesso che ci penso, ieri sera non ho neanche mangiato.»

«Neanch'io. Ecco, che cosa ti ho detto? È sicuramente un'idea di Don Carmelo: **ha fatto preparare** una cena per noi!»

«Vieni, Cercascuse, la porta della roulotte è aperta.»

I due entrano nella roulotte.

«Ehi, ma… qui non c'è nessuno!»

«È vero. E non c'è neanche una statua.»

«Sì, ma **non fa niente**. Guarda, Mezzacalzetta: un risotto al limone e menta!»

«Hmm, ho *una* fame! Ma secondo te possiamo mangiarlo?»

«Ma certo! Cosa ti ho detto? Immagina di essere in vacanza! **Su**, prendi dei piatti!»

«Eccoli.»

BAM!

«La porta! Oh, no! La stanno chiudendo a chiave!!»

---

far(e) preparare qc.	to have sth. prepared
non fa niente	it doesn't matter
Su!	Come on!
Bam!	Slam!

53

«**Mannaggia**!! L'hanno chiusa da fuori!!»

«Ehi, aprite!! Aprite!! Per favore, aprite la porta!!»

****

«Pronto?»

«Don… Don Carmelo, è Lei?»

«Cercascuse?! Perché mi chiami? **È successo** qualcosa?»

«Don Carmelo, noi… noi abbiamo fatto tutto quello che ci ha detto Lei…»

«Ma siete arrivati a Napoli?»

«Don Carmelo, prima di arrivare a Napoli abbiamo voluto fare una sosta per mangiare qualcosa. È stato molto gentile a pensare alla nostra cena. Grazie!»

«Ma quale cena?! Di cosa stai parlando?»

«Del risotto, no? Che profumo! Sì, lo so che l'ha preparato la signora e non Lei…»

«Signora?! Quale signora?!»

«Allora la statua… ha acceso la luce, così siamo andati a controllare e… in quel momento la signora **ha tirato fuori** dal frigorifero il risotto!»

«Cercascuse, la valigia con la statua *dov'è*?»

«Don Carmelo, a dire la **verità** nella roulotte non abbiamo trovato nessuna statua. Ma è anche meglio

---

Mannaggia!	Damn!
succedere (successo)	to happen
tirare fuori	to take out
la verità	truth

così: Lei sa che tutti quelli che hanno rubato una statua greca sono morti?»

«Ma cosa stai dicendo?!»

«È così: chi ruba una statua greca, **muore**! Lei lo sa questo?»

«Cercascuse, ascolta: **ricominciamo da capo**. Voi siete andati al campeggio *Frutti di Mare*, alla piazzola 41, giusto?»

«Beh, veramente noi siamo andati al campeggio *Frutti di Bosco...*»

«*Frutti di Mare*!! Cercascuse, il campeggio si chiama *Frutti di Mare*!!»

«Ah, ecco! Dice che si chiama *Frutti di Mare.*»

«Cercascuse, con chi stai parlando adesso?»

«Ah, non è niente, Don Carmelo: ci sono dei poliziotti qui con me. Ma Lei **non deve preoccuparsi**: adesso sappiamo qual è il campeggio giusto e andiamo tutti insieme a prendere la statua. È **contento**?»

«...»

«Don Carmelo, ha visto che può fidarsi di noi al cento per cento? Don Carmelo? È ancora lì? Don Carmelo? Pronto? Don Carmelo...?»

---

muore (morire)	he/she/it dies
ricominciare da capo	to start again from scratch
non deve preoccuparsi	you don't need to worry
contento	(here:) satisfied

L'angolo della lingua • 3

9) What happened? Put the verbs in brackets into the past tense (*passato prossimo*).

mettere • andare • entrare • preparare •
prendere • parcheggiare

1. La signora _____ _____ un risotto al limone e menta.
2. La signora _____ _____ in frigo la porzione di risotto per il marito.
3. Cercascuse e Mezzacalzetta _____ _____ di notte al campeggio *Frutti di Bosco* e _____ _____ una roulotte.
4. Cercascuse e Mezzacalzetta _____ _____ la macchina in un'area di sosta e _____ _____ nella roulotte.

10) Fill in *mi piace / mi piacciono* or *non mi piace / non mi piacciono* – according to your taste!

1. _____ il minestrone di verdure.
2. _____ la zuppa di cipolle.
3. _____ gli spinaci al limone.
4. _____ le uova con la salsiccia.
5. _____ l'insalata di mare.
6. _____ la bistecca all'aglio.

11) Reflexive verbs. Put the verbs in brackets into the present tense.

1. Caro, lo sai che io (divertirsi) ___ _____ a cucinare!
2. Perché non (alzarsi) ___ _____ anche tu e non guardi fuori dal finestrino?
3. Don Carmelo, (vedersi – noi) ___ _____ a Napoli!
4. Cercascuse e Mezzacalzetta (fermarsi) ___ _____ a controllare chi c'è nella roulotte.
5. Come (chiamarsi) ___ _____ il campeggio dove è parcheggiata la roulotte con la statua?

12) Fill in the sentences with the right preposition.

in • a • dal • al • dalla • in • al

1. Andiamo ogni anno in vacanza ____ Calabria.
2. Cercascuse e Mezzacalzetta devono portare la roulotte ____ Napoli.
3. La mattina di solito vado ____ bar del campeggio a bere un cappuccino.
4. Oggi pomeriggio sono andato ____ mio vicino a mangiare una fetta di dolce.
5. Posso andare a prendere qualcosa ____ supermercato del campeggio, se vuoi.
6. Andiamo a mangiare qualcosa ____ pizzeria?
7. Caro, presto, usciamo ____ roulotte!

Vado e torno

«Amore, sono tornato!»

«Ciao, Arturo! Ma dove sei stato?»

«Sono andato a prendere il giornale: oggi è il giorno della Regata Storica! E tu, cosa stai preparando di buono per il pranzo?»

«Spaghetti alle **vongole**.»

«Ah, il mio piatto preferito! **Quanto ci vuole ancora?**»

«Tra poco **butto la pasta**.»

---

vado e torno	(approx.:) I'll be right back
la vongola	clam
Quanto ci vuole ancora?	How much longer is this going to take?
buttare la pasta	to put pasta into boiling water

«Allora io **intanto** leggo un po' il giornale.»

«Ehm… Arturo, c'è una cosa da fare prima di pranzo, se ne hai voglia.»

«Che cosa?»

«È arrivato questo pacchetto ieri, per il signor Vianello.»

«Il vicino che abita al terzo piano?»

«Esatto.»

«Il gondoliere che fa anche le regate?»

«Sì, **proprio** lui.»

«Lui è il più bravo gondoliere di Venezia, lo sai? Lo chiamano **Seppia**, per il colore della sua gondola. Io sono un suo grande fan!»

«Sì, però… qualche giorno fa **è successa** una cosa strana. Sono venuti da lui degli uomini, li ho sentiti. Gli hanno detto: "Quest'anno tu **fai una brutta fine**!"»

«Ma tu lo sai chi **ha vinto** la Regata Storica gli ultimi quattro anni? Seppia! Lui è davvero forte, è il più forte di tutti! Sono sicuro che quegli uomini sono di un'altra **squadra**.»

intanto	in the meantime
proprio	(here:) exactly
Seppia	(lit.:) cuttlefish; sepia (colour)
succedere (successo)	to happen
fare una brutta fine	to come to a bad end
vincere (vinto)	to win
la squadra	team

«Sì, ma gli hanno anche detto: "Quest'anno tu **finisci sott'acqua**, hai capito?!" Non è strano, Arturo?»

«No, Mirella, sono cose che si dicono prima di una **gara** così importante! Però… la Regata Storica è oggi, forse Seppia non è a casa…»

«**Magari** trovi qualcun altro.»

«Va bene, allora prendo il pacchetto e vado a vedere.»

> The *Regata Storica* takes place on the *Canal Grande* and is one of the most important events in Venice. Thousands of spectators watch the race, often from stands set up for this express purpose.

****

Arturo **fa le scale** per andare al terzo piano. Arriva. Cerca l'appartamento del signor Vianello. Lo trova.

Driiiiiin! Driiiiiin!

«Allora, Seppia, sei a casa o no? **Dai**, voglio andare a mangiare i miei spaghetti!»

Driiiiiin! Driiiiiin!

finire sott'acqua	to end up underwater
la gara	race
magari	(here:) maybe, perhaps
fare le scale	to take the stairs
Dai!	(here:) Come on!

«Non c'è. E se lascio il pacchetto qui, davanti alla porta? Ehi, ma... la porta è aperta...»

Toc, toc!

«**Permesso?** Posso entrare?»

Non risponde nessuno.

«Signor Vianello? È in casa?»

Niente.

«Va bene, io questo pacchetto lo lascio qui: sicuramente non lo porta via nessuno. Ecco, lo metto qui, all'**ingresso**. Ma... cos'è questo **rumore**?»

Arturo porta il pacchetto vicino all'orecchio.

Tic, tac, tic, tac, tic, tac...

Hmm... Cosa può esserci **dentro**? Una sveglia? O magari qualcosa per tenere il ritmo nella regata? Sì, perché no? Può anche essere un **portafortuna**, così Seppia vince anche quest'anno. E se poi non torna più a casa a prenderlo, questo portafortuna? Vuol dire che la Regata Storica la vince Palla questa volta? Palla, quel gondoliere così antipatico che tutti chiamano come il **pesce palla** perché **si dà** sempre tante **arie**? No, no, no: non può essere! Seppia deve assolutamente avere il suo portafortuna!

Toc, toc!	Knock, knock!
Permesso?	May I come in?
l'ingresso *m*	(entrance) hall
il rumore	noise
dentro	inside
il portafortuna	lucky charm
il pesce palla	balloon fish
darsi delle arie	to give oneself airs

Arturo fa **di corsa** le scale per tornare dalla moglie.

«Mirella! Mirella!»

«Cosa c'è da **gridare**, Arturo? Ti sento!»

«Mirella, Seppia non è a casa. Ma deve assolutamente ricevere questo pacchetto.»

«È davvero così importante?»

«Importantissimo! Vado a vedere se lo trovo al club dei gondolieri all'angolo.»

«Allora non butto la pasta?»

«No, Mirella, aspetta ancora un po'. Vado e torno.»

****

In quello stesso momento, al club dei gondolieri. In una piccola stanza un uomo è **legato** a una sedia. Davanti a lui altri tre uomini.

«Allora, Seppia, dove hai messo la bomba?»

«Quale bomba?»

«La bomba che **era** nel pacchetto.»

«Non so di cosa parli, Palla.»

«Il pacchetto che ti abbiamo spedito due giorni fa…»

«Non mi è arrivato nessun pacchetto.»

di corsa	quickly
gridare	to shout
legato	tied
era (essere)	he/she/it was

«Ah, ah, ah! Lo avete sentito, ragazzi? Che simpatico! Dice che non gli è arrivato nessun pacchetto! Ma chi vuoi **prendere in giro**?!»

«È la **verità**.»

«Senti un po', Seppia: non ho tempo da perdere con te! Sai, tra un paio d'ore ho un appuntamento… con la storia: dopo tanti anni il gondoliere Palla torna a vincere la Regata Storica! Già vedo la mia foto sui giornali: Palla con la **medaglia d'oro**! Però io sono una persona buona e così ho pensato di dare una medaglia anche a te. Ecco, vedi questa **pietra** di cinque chili? Questa è la tua medaglia. Ti piace?»

«Cosa vuoi farmi?»

«Per avere la medaglia si deve prima fare un **giro** in gondola, no? Allora, **Trota** e **Baccalà**, i miei ragazzi, ti portano in gondola fino all'isola di Sant'Elena, lì ti mettono la medaglia al **collo**

Sant'Elena is one of the many islands upon which Venice rests. It is found on the eastern end of the city.

prendere in giro qn.	(here:) to take so. for a ride, to pull so.'s leg
la **verità**	truth
la **medaglia d'oro**	gold medal
la **pietra**	stone
il **giro**	ride
Trota	(lit.:) trout
Baccalà	(lit.:) dried and salted cod
il **collo**	neck

e poi... ti **buttano** in acqua. Purtroppo però non puoi salutare i tuoi fan perché, come sai, a quest'ora lì non c'è nessuno.»

«Voglio tornare a casa, ti **prego**!»

«Seppia, io non sono così cattivo come tu credi. Vuoi sapere qual era il mio piano? Ti arriva a casa il pacchetto, tu lo apri, trovi la bomba, la prendi in mano e... BUM! Adesso però devi fare una fine più brutta, perché sai già troppe cose.»

«Ti prego, non voglio **morire**!»

«Ah, un'altra cosa: se in gondola provi a chiamare aiuto, è la tua fine, d'accordo? Trota, Baccalà, avete capito anche voi?»

«Certo, Palla. La pistola l'abbiamo sempre con noi.»

«Allora ti saluto per sempre, Seppia: questo è il tuo ultimo giro in gondola.»

****

«Un portafortuna... ma certo! Perché non ci ho pensato prima? Già vedo i **titoli** dei giornali di domani: "È LA REGATA DI ARTURO: SEPPIA VINCE CON L'AIUTO DI UN FAN!" Speriamo di trovare Seppia al club dei gondolieri, così gli do subito questo pacchetto! Ah, eccolo **là in fondo**, con altri due uomini.

---

buttare	to throw
pregare	to beg
morire	to die
il titolo	(here:) headline
là in fondo	over there

Ma… cosa stanno facendo? Stanno prendendo una gondola…? E il pacchetto? Senza il suo portafortuna Seppia non può vincere la regata! EHI, SEPPIA, UN MOMENTO! HO UN PACCHETTO PER TE! **Mannaggia**, non mi sentono: quelli stanno andando via in gondola… E ora, cosa faccio? Li lascio andare via? E se Seppia non vince la regata? Poi i giornali scrivono: "È LA REGATA DI ARTURO: ECCO PERCHÉ SEPPIA QUEST'ANNO **HA PERSO**!" No, non lo posso **permettere**! Qui le gondole **non mancano**: ne prendo una anch'io. Sì, lo so: non si prendono le gondole degli altri, ma questa è un'emergenza!»

****

«Trota?»

«**Cosa c'è**, Baccalà?»

«C'è una gondola che ci **segue**.»

«Ne sei sicuro?»

«Sicurissimo. Ci sta seguendo da quando siamo partiti.»

«Ehi tu, Seppia, guarda quella gondola. Conosci quel tipo?»

«Quello? Ehm, no… non l'ho mai visto.»

Mannaggia!	Damn!
perdere (perso)	to lose
permettere	(here:) to allow
non mancano	(here:) there is no shortage of
Cosa c'è?	What's the matter?
seguire	to follow

«Sta facendo dei gesti. Trota, guarda che cos'ha in mano!»

«**Porca miseria**, il pacchetto! Quel tipo ha trovato il pacchetto per Seppia e non sa che dentro c'è una bomba! **Avanti**, Baccalà, devi **remare** più velocemente!»

«No, Trota, ho un'altra idea: al prossimo canale giriamo a sinistra e poi subito a destra.»

«Ma dobbiamo andare a Sant'Elena!»

«Lo so che dobbiamo andare a Sant'Elena. Ma magari quel tipo non conosce i canali di Venezia come noi e così **si perde**.»

«D'accordo, Baccalà, facciamo come dici tu. Guarda, adesso sta anche telefonando. È un buon momento per cambiare **rotta**.»

****

«Pronto, Mirella? Sei tu?»

«Sì, sono io. **Ma insomma**, Arturo, hai detto: "Vado e torno". Cosa devo fare io con la pasta, la butto o non la butto?»

«Scusa, Mirella, ma ho dovuto prendere una gondola per portare il pacchetto a Seppia e...»

Porca miseria!	(approx.:) Bloody hell!
Avanti!	Come on!
remare	to row
perdersi	(here:) to get lost
la rotta	route
ma insomma	for heaven's sake

«Cosa?! Sei in gondola adesso? Ma dove stai andando, Arturo?»

«A dire la verità, non lo so. Sto seguendo un'altra gondola con due uomini e Seppia. Ma... aspetta... Ah, adesso capisco! Hanno girato a sinistra, allora vanno **verso** il Canal Grande. Ma sì, è chiaro: vogliono portare Seppia alla Regata Storica! Però lui non ha ancora avuto il suo portafortuna! Scusa, Mirella, ma adesso non posso più stare al telefono con te.»

«E cosa faccio io con la pasta?»

«Per favore, aspetta ancora un po'. Lo sai che gli spaghetti alle vongole sono il mio piatto preferito! Ti chiamo io tra poco, va bene? Ciao! EHI, VOI DELLA GONDOLA, **FERMI**!! SEPPIA, HO IL TUO PACCHETTO!!»

****

«Buongiorno, signore e signori. È lo speaker della Regata Storica che vi parla. Anche quest'anno, in questa bellissima giornata di sole, Venezia offre uno spettacolo unico di gente, di colori e di costumi! Sono qui, al punto di arrivo della regata, in mezzo a moltissime persone, di tante nazionalità diverse. La domanda che qui tutti si fanno è: chi vince la regata quest'anno? Ancora una volta Seppia? Oppure il suo grande rivale Palla? O un gondoliere che nessu-

---

verso	towards
Fermo!	Stop!

no **si aspetta**? Signore e signori, lo so: **non vedete l'ora di** saperlo. Per conoscere la risposta, però, dobbiamo aspettare ancora qualche minuto: gli organizzatori mi dicono che le gondole **in testa** alla gara sono a circa ottocento metri dall'arrivo. Ma… cosa vedo?! Signore e signori, questa volta le informazioni degli organizzatori non sono proprio esatte. Le prime due gondole **si stanno avvicinando** all'arrivo in questo momento! Sono veloci, velocissime, e stanno arrivando proprio adesso!»

****

«Magari quel tipo non conosce i canali di Venezia come noi, eh? Complimenti, Baccalà, hai avuto davvero una gran bella idea a girare a sinistra! Guarda adesso dove siamo… in mezzo alla Regata Storica!»

«Forse abbiamo girato troppo presto, Trota. Però tra poco possiamo andare a destra: c'è un canale che porta a Sant'Elena.»

«E cosa vuoi andare a fare a Sant'Elena?! Non capisci che non ha più senso? Ci hanno visto almeno diecimila persone qui in gondola con Seppia!»

«Lo so, Trota, però…»

---

aspettarsi	to expect
non vedere l'ora di	can hardly wait to
in testa	ahead (competition)
avvicinarsi a	to approach

68

«Però cosa?! Pensiamo solo a **salvarci la pelle** adesso! Quel **pazzo** vuole dare il pacchetto a Seppia. Se butta la bomba nella nostra gondola, è la fine!»

«Hai ragione, Trota. L'unica cosa che possiamo fare, se butta qui la bomba, è **tuffarci in acqua…**»

****

«Guardate, signore e signori, chi c'è nella prima gondola: Seppia, naturalmente! Ancora una volta lui! Fantastico! Però c'è qualcosa di strano… Lo vedete anche voi? Nella gondola sono in tre, ma non è Seppia che sta remando! Incredibile, questa volta Seppia non rema! E chi c'è nella seconda gondola? Signore e signori, quest'anno davvero le sorprese non mancano! Seguo la Regata Storica da trent'anni e conosco tutti i gondolieri qui a Venezia, ma questo qui io davvero non l'ho mai visto. Però anche lui è velocissimo, è ancora più veloce della prima gondola! E la **sta raggiungendo** proprio in questo momento!»

****

«**Finalmente** li ho raggiunti! SEPPIA, HO UN PACCHETTO PER TE! È MOLTO IMPORTANTE!

---

salvarsi la pelle	to save one's own skin
il pazzo	madman
tuffarsi in acqua	to dive into water
raggiungere (raggiunto)	to catch up with
finalmente	at last

Uffa, il cellulare! Ma chi è che mi chiama adesso? Mirella, **di nuovo**! Ehm… Pronto, cara?»

«Guarda, Arturo, io sono davvero **stanca** di aspettarti e poi adesso ho anche fame!»

«Mirella, non puoi aspettare ancora cinque minuti?»

«No, Arturo, prima dici "Vado e torno" e poi stai via un'ora. Non ho più voglia di aspettarti.»

«Mirella, vuoi forse dire che…?»

«Sì, Arturo, mi dispiace per te, ma io la pasta l'ho buttata.»

«Davvero? L'hai BUTTATA?!»

> If the object pronoun *lo/la/li/le* appears before a compound tense with the auxiliary verb *avere*, the participle changes to agree with the pronoun: *L'ho (= **la** ho) butta**ta***.

****

«Hai sentito, Trota? L'ha buttata!!»

«OH, **DIO MIO**! AIUTO! L'HA BUTTATA! HA BUTTATO LA BOMBA!»

«IN ACQUA, **PRESTO**, VIA DALLA GONDOLA!!»

Uffa!	(approx.:) Sheesh!
di nuovo	again
stanco	tired
Dio mio!	Oh my God!
Presto!	Quick!

****

«Che finale fantastico, signore e signori!! Seppia in testa alla gara senza remare e **dietro di lui** un gondoliere che nessuno conosce! Ma cosa succede adesso?! Incredibile: dalla prima gondola due persone si tuffano in acqua! E Seppia resta solo sulla gondola! Non ci posso credere! È così che Seppia vuole vincere quest'anno? Eh no, perché la seconda gondola ora lo **supera**! Sì, lo sta superando proprio ora!! E vince, vince!! Questo gondoliere che nessuno conosce vince la Regata Storica!!»

****

La sera, a casa.
«Arturo?»
«Sì, Mirella?»
«Sto leggendo il giornale in Internet. Guarda cosa scrivono.»
«Vediamo: "È LA REGATA DI ARTURO: VINCE E SALVA LA VITA A SEPPIA!"»
«Dicono che la polizia ha arrestato Palla e i suoi due **complici**. Adesso sei l'**eroe** di tutta Venezia!»
«Sì, però…»
«Cosa c'è? Non sei **contento**?»

---

dietro di lui	behind him
superare	to pass, to overtake
il complice	accomplice
l'eroe *m*	hero
contento	satisfied, happy

71

«Non lo so. Ho **una strana sensazione**.»

«Ma come?! Hai salvato la vita a Seppia e hai anche vinto la Regata Storica! Cosa vuoi di più?»

«Sì, ma c'è una cosa che non ho ancora fatto oggi.»

«Stai forse pensando al pacchetto? Ascolta, Arturo: il pacchetto l'ho messo io in cucina. Lo puoi portare anche domani a Seppia, non è **mica** una bomba! Andiamo a dormire adesso, è stata una giornata molto lunga.»

«Sì, forse hai ragione tu. Andiamo a dormire. Il pacchetto lo posso portare anche domani a Seppia. Non c'è **fretta**.»

una strana sensazione	a strange feeling
non … mica	(approx.:) not … at all, certainly not
la fretta	hurry

L'angolo della lingua • 4

13) What's the right verb form? Mark it.

1. Cosa (c'è / ci sono) di buono da mangiare oggi?
2. Posso entrare? (C'è / Ci sono) qualcuno in casa?
3. Seppia non è da solo nella gondola. Con lui (c'è / ci sono) altre due persone.
4. Ma cosa (c'è / ci sono) in questo pacchetto?
5. Non (c'è / ci sono) parole per raccontare la regata di quest'anno.
6. Per il pacchetto (c'è / ci sono) ancora tempo…

14) *Ah, Venezia…* Fill in the preposition *a*. Note that the preposition and the definite article of the following noun form a single word.

1. Davanti _____ Basilica di San Marco ci sono sempre tantissimi turisti.
2. C'è una pasticceria _____angolo tra Calle Crosera e Calle San Pantalon.
3. L'isola di Murano è vicino _____isola di Torcello.
4. Lei va in gondola fino in fondo _____ canale: l'isola di Sant'Elena è lì, la vede subito.
5. Il Ponte di Calatrava è proprio di fronte _____ Giardini Papadopoli.
6. _____ semaforo deve girare a destra. – Ma quale semaforo?! Siamo a Venezia!

15) Read the clues and write the masculine form of the professions.

1. Prende le ordinazioni dei clienti al ristorante.   il _____

2. Insegna una lingua straniera.   l' _____

3. Visita i pazienti all'ospedale.   il _____

4. Prende gli appuntamenti per il capo ufficio.   il _____

5. Serve i clienti in un negozio.   il _____

6. Guida l'autobus o il tram.   l' _____

7. Serve i clienti in una banca o in un ufficio postale.   l' _____

16) Review the story again and fill in *potere, dovere* or *volere* in the present tense.

1. _____ portare tu questo pacchetto al vicino?

2. Ho fame, _____ tornare a casa!

3. Seppia _____ assolutamente avere questo pacchetto!

4. Scusi, mi _____ dire dov'è l'isola di Sant'Elena?

5. Cosa _____ fare noi se quel tipo butta la bomba?

6. Arturo, _____ mangiare domani gli spaghetti?

Salute!

«Se vuole, chiamo la polizia.»

«Ma no, signora! Non è niente!»

Cefalù, vicino a Palermo. In una strada del centro, un uomo e una donna stanno discutendo. Lei è piccola, bionda e ha un vestito leggero a fiori; lui è grande e **grosso**, ha i capelli **scuri**, i jeans e una maglietta.

«Come "non è niente"?! Non vede qui che **danno**? **Ho tamponato la Sua macchina!** Mi dispiace molto!»

«Sì, ma Le ripeto che non è niente!»

Salute!	(here:) Bless you!
grosso	(here:) bulky
scuro	dark
il danno	damage
tamponare una macchina	to run into a car (from behind)

«E invece sì! Le do il mio nome e il mio indirizzo, va bene? Sa, io vivo in Germania e sono qui in vacanza, ma posso parlare con la mia **assicurazione**...»

«No, guardi, davvero... non è necessario.»

«È veramente molto gentile **da parte Sua**, ma...»

«Eeeetcì!»

«Salute! ...ma Le ripeto che posso pagare il danno.»

> People do not only exclaim *Salute!* after you sneeze, but also in the sense of *Alla salute!* meaning "To your health!" (when toasting glasses). Or, you can say *Cin cin!* ("Cheers"!).

«**Ma insomma**, Beniamino, **cosa c'è?**» domanda una signora che aspetta in macchina.

«Niente, niente, mamma. Una turista ci ha tamponato con la sua auto. Ora andiamo subito a casa.»

La turista va vicino al **finestrino** per parlare con la donna: «Mi dispiace molto, signora! È **colpa** mia! Quella è la macchina di mio fratello e devo ancora imparare a parcheggiare.»

«**Non fa niente**, signora. Noi **abbiamo fretta**, dobbiamo tornare a casa!»

E invece sì!	Of course it is!
l'assicurazione f	insurance company
da parte Sua	of you
ma insomma	for heaven's sake
Cosa c'è?	What's the matter?
il finestrino	window (of a vehicle)
la colpa	fault
non fa niente	it doesn't matter
avere fretta	to be in a hurry

La turista allora **tira fuori** una macchina fotografica dalla borsetta.

«E ora cosa vuole fare?» domanda l'uomo.

«Una fotografia, no? L'assicurazione può averne bisogno.»

«Assolutamente no! Non Le permetto di fotografare la mia macchina!»

«Ma è per avere **qualcosa in mano**… Può essere utile anche a Lei.»

«MMMMMM!»

«Cos'ha detto, scusi?» chiede la signora.

«Io? Niente… non ho detto niente» risponde l'uomo.

«MMMMMM!»

«Ha sentito anche Lei?» chiede ancora la signora.

«Davvero, non so di cosa sta parlando.»

«MMMMMM!!»

«Non ha sentito "MMMMMM" adesso?»

«Ah, sì, deve essere la mia autoradio. E ora mi scusi tanto, ma non ho tempo di stare qui a parlare con Lei!»

«MMMMMM!!»

«Ma quale autoradio?! Questa qui è la **voce** di un uomo! E viene dal **bagagliaio** della Sua auto!»

---

tirare fuori	to take out
qualcosa in mano	(approx.:) something to show
la voce	voice
il bagagliaio	trunk (AE) / boot (car) (BE)

«Le ripeto che non so di cosa sta parlando! E poi adesso devo andare, mia madre sta aspettando.»

«Lei non va **da nessuna parte**! Se non apre subito il bagagliaio, chiamo la polizia!»

L'uomo grande e grosso mette le mani in tasca senza rispondere. La donna gli va vicino e lo guarda **dritto** negli occhi: «Io non ho paura di Lei, sa? Sono sicura che c'è una persona nel Suo bagagliaio! Se non lo apre, chiamo subito la polizia!»

L'uomo prende un **fazzoletto** dalla tasca. Velocissimo, lo mette sulla bocca della turista. Un secondo dopo la donna gli **cade tra le braccia**. Si è addormentata.

****

«Signora? Signora?»

«Sì?»

«Signora? Mi sente?»

«Cosa c'è?»

«Va tutto bene?»

«Mi fa male la testa.»

«Ha dormito molto, signora.»

---

da nessuna parte	nowhere
dritto	straight
il fazzoletto	handkerchief
cadere tra le braccia di qn.	to fall into so.'s arms

La turista si sveglia. È su un **materasso**, per **terra**. Vicino a lei c'è un signore **anziano**. Ha un vestito elegante, la barba e i capelli bianchi.

«Ma Lei chi è? E dove siamo qui?»

«Siamo in una **cantina**.»

«Questo lo vedo anch'io. Ma perché siamo qui?»

«Qualcuno ci **ha rapito**.»

«Qualcuno… cosa?!»

«Qualcuno ci ha rapito, signora. Siamo qui da un paio d'ore. Ci ha portato qui un tipo grande come un armadio.»

«Lo ha visto in **viso**?»

«Purtroppo no, **aveva** un **passamontagna**.»

«E cos'ha detto?»

«Niente, non ha detto niente. Prima ha portato qui me. Poi è uscito e due minuti dopo ha portato qui anche Lei.»

«Sì, ma chi è stato? E perché?»

«Non so chi è stato, però forse so perché lo ha fatto. Ma… mi posso presentare? Sono Augusto Ricconi,

il materasso	mattress
la terra	(here:) ground
anziano	elderly
la cantina	cellar
rapire	to kidnap
il viso	face
aveva (avere)	he/she/it had
il passamontagna	balaclava

un grande **imprenditore** di Milano. Naturalmente ci possiamo anche dare del tu, se preferisce.»

«Sì, va bene. Io sono Maria, piacere.»

«Lei non è italiana, vero?»

«No, sono tedesca. Sono qui in vacanza.»

«Ah, è tedesca! Io conosco bene la Germania. Sa, io ho un amico a Monaco che fa il **cantante**, poi ho un'amica a Berlino che fa la modella, degli amici a Francoforte che fanno gli attori…»

«Va bene, va bene, ma perché allora quell'uomo ci ha rapito?»

«Come Le ho detto… oh, scusa… come *ti* ho detto, io faccio l'imprenditore da molti anni e diciamo che gli **affari** non vanno male.»

«Vuoi dire che hai molti soldi?»

«No, molti soldi no. Però la gente mi conosce. Sai, io ho una bellissima villa sul Lago di Como, una casa in Toscana per le vacanze, una **barca a vela** tutta per me, tre macchine di lusso, un piccolo aereo privato e…»

«Ho capito: hai molti soldi. Allora qualcuno ti ha rapito per avere i tuoi soldi?»

«Ho paura di sì. Ma… ascolta.»

«Cosa c'è?»

«Dei **passi**, fuori della porta. Sta arrivando qualcuno.»

---

l'imprenditore *m*	entrepreneur
il cantante	singer
l'affare *m*	business
la barca a vela	sailing boat
il passo	footstep

La porta della cantina si apre. Entra l'uomo grande e grosso, con un passamontagna in testa. Ha in mano un po' di pane e una bottiglia d'acqua. Li mette su un tavolo e fa un gesto ai due. Poi esce.

«Io quell'uomo l'ho già visto…» dice Maria.

«Davvero? Hai già visto quell'armadio?!»

«Sì, ho tamponato la sua macchina.»

«E dove?»

«In una strada del centro, a Cefalù.»

«A Cefalù? Noi qui siamo a Cefalù?!»

«Non lo so, può essere… Certamente siamo in una casa di **pescatori**: vedi quelle **reti da pesca**, lì alle **pareti**?»

«Cefalù, Cefalù…»

«A cosa stai pensando, Augusto?»

«Sto pensando se conosco qualcuno a Cefalù.»

«Vuoi dire che forse quell'uomo ti conosce ed è venuto a Milano per rapirti?»

«Esatto. Forse è per questo che non parla: non vuole **essere riconosciuto**.»

«E allora? Ti **viene in mente** qualcuno?»

«No, ancora no. Sai, nella mia vita ho vissuto in molte città: ho abitato a due passi dal Colosseo, vicino alla Torre Eiffel, non lontano dall'Opera di Sidney…»

«Augusto, per favore! Ti viene in mente qualcuno?!»

il pescatore	fisherman
la rete da pesca	fishing net
la parete	wall
essere riconosciuto	to be recognized
venire in mente	to come to mind

Fuori della cantina si sentono di nuovo dei passi. Si apre la porta. È l'uomo grande e grosso, questa volta con un biglietto in mano. Lo mette sul tavolo, vicino al pane. Poi esce, senza dire niente.

«Ha portato un biglietto. Vieni, andiamo a vedere cosa c'è scritto» dice Maria.

Augusto e Maria si alzano e vanno al tavolo.

> *Adesso telefoniamo a tua moglie. O lei paga, oppure ti dobbiamo **fare del male**...*

«La situazione è seria, dobbiamo assolutamente fare qualcosa» commenta Maria.

«Ma certo... Matilde!!»

«Mi chiamo Maria.»

«Ma no, non sto parlando con te! Voglio dire: sì, sto parlando con te, ma non sto parlando *di* te. Oh, **insomma**, voglio solo dire che adesso so chi ci ha rapito!»

«E chi è stato?»

> Prepositions can completely change the meaning of a sentence: *sto parlando **con** te* (I am talking with you), *non sto parlando **di** te* (I am not talking about you).

---

fare del male a qn.	to hurt so.
insomma	in short

«Alcuni anni fa **avevo** una **domestica**: Matilde. **Era** di Cefalù e aveva un figlio, Beniamino: un tipo un po' strano…»

«Perché strano?»

«Beh, lui è allergico alla **gentilezza**.»

«Allergico alla gentilezza?! Cosa vuol dire?»

«Vuol dire che non **sopporta** i complimenti, le parole dolci, i gesti gentili…»

«Che strano.»

«Strano, ma vero. Lo hanno visitato tanti dottori. È andato anche in America a parlare con uno specialista. Ma niente, non c'è niente da fare.»

«E poi? Matilde è andata via da Milano?»

«Sì: **ha rubato** qualcosa in casa e allora ho dovuto mandarla via. Forse è tornata a vivere qui a Cefalù.»

«Ma non **ha dimenticato** che tu hai tanti soldi…»

«Lo penso anch'io. Lei non è più molto giovane, ma è una donna forte e **senza scrupoli**. Ma… sento di nuovo dei passi. E se mia moglie non gli ha creduto? **Che cosa mi farà** adesso quell'armadio?»

«Non avere paura, forse ho un'idea.»

---

avevo (avere)	I had
la domestica	housemaid
era (essere)	he/she/it was
la gentilezza	kindness
sopportare	to bear
rubare	to steal
dimenticare	to forget
senza scrupoli	unscrupulous
Che cosa mi farà…?	What will he do to me…?

Si apre la porta della cantina. Entra l'uomo grande e grosso. In mano ha un biglietto e un grande **coltello** da cucina.

«Ha… ha parlato con mia moglie?» chiede Augusto.

L'uomo gli va vicino e gli dà il biglietto.

> *Tua moglie non ci crede e non vuole pagare! Le dobbiamo mandare un **pezzo** del tuo orecchio.*

«Un pezzo del mio orecchio?! No, per favore, no!»

L'uomo prende Augusto per la giacca e lo **alza**.

«Beniamino… tu sei Beniamino, vero? Beniamino, non mi fare questo!!»

L'uomo porta il grande coltello da cucina vicino all'orecchio di Augusto.

«No, Beniamino, no!!!»

«Beniamino? Ma che bel nome!» dice Maria.

L'uomo si ferma, con il coltello vicino all'orecchio di Augusto.

«Eh sì, è davvero un bel nome… Mi piace molto, perché suona bene ed è originale!»

«Eeee…»

«E poi è perfetto per un uomo alto e forte come te!»

il coltello	knife
il pezzo	piece
alzare	to lift

«Eeee... eeee…»

«Sei **proprio** un bell'uomo, sai?»

«…eeeetcì!»

«Sì, hai dei begli occhi…»

«Eeeetcì!»

«…e dei bei capelli!»

«Eeeetcì!»

«Insomma, mi piaci. Mi piaci molto!»

«Eeeetcì! Eeeetcì! Eeeetcì!»

L'uomo **lascia** Augusto e mette il coltello sul tavolo per cercare un fazzoletto in tasca. Maria allora fa un **segno** con la testa ad Augusto: la porta è aperta!

L'uomo però lo vede, prende di nuovo in mano il coltello e si mette davanti alla porta. Allora Maria fa un passo **indietro** e prende dalla parete una delle reti da pesca. Augusto per un momento la guarda, poi la aiuta.

«**Poverino**, hai l'allergia?» domanda Maria.

«Eeee... Eeee…»

«Perché non vai da un dottore, **tesoro**?» dice Augusto.

«…eeeetcì!»

proprio	(here:) really
lasciare qn.	(here:) to let so. go
il segno	sign
indietro	backwards
poverino	poor you
tesoro	(here:) darling

In quel momento Maria e Augusto **gettano** la rete sull'uomo. Poi cominciano a **girare intorno a** lui: una volta, due volte, tre volte, quattro volte…

«Ecco, oggi **è finito** nella rete un pesce grosso… Sei contento, caro?» dice Augusto.

«Eeeetcì!»

«Tu ora devi fare il bravo e aspettare qui in cantina, va bene? Così la mamma trova un bel pacco regalo quando viene qui a cercarti» dice Maria.

«Eeeetcì! Eeeetcì! Eeeetcì!»

Maria e Augusto escono velocemente dalla cantina e chiudono la porta a chiave.

«Mamma mia! Quanta paura ho avuto questa volta! Grazie Maria, senza di te…»

«Mi puoi ringraziare più tardi, Augusto.»

«No, davvero, ti voglio dire grazie. Sai, io ho già fatto tante cose nella mia vita: ho fatto il giro del mondo in barca a vela, **ho attraversato** un deserto, sono salito sull'Everest…»

«Augusto, per favore, ora no! Ora dobbiamo uscire da questa casa!»

«Hai ragione tu, scusa. Forse anche la madre di Beniamino è qui.»

gettare	to throw
girare intorno a	to walk around
finire	(here:) to land
attraversare	to cross

I due prendono le **scale** che vanno al **pianoterra**. Alla fine delle scale c'è una porta.

«Andiamo piano» dice Augusto.

«Ssssst! La donna non deve sentirci!» risponde Maria. «Ecco, siamo arrivati. Vado avanti io.»

Piano piano Maria apre la porta: davanti a lei c'è un corridoio. Maria guarda un secondo a sinistra, poi a destra. Poi chiude di nuovo la porta.

«Hai visto qualcuno, Maria?»

«No, nessuno.»

«Ma dove siamo?»

«A metà del corridoio, al pianoterra. A sinistra c'è una terrazza sulla spiaggia, con una piccola **barca** davanti, a destra…»

«E il mare, è lontano?»

«No, è a pochi passi dalla terrazza. Perché?»

«Prima di **morire** voglio vedere per l'ultima volta il mare.»

«…a destra c'è l'**ingresso** della casa, in fondo al corridoio. È lì che dobbiamo arrivare, Augusto. Lì c'è una strada, il mare non ha strade…»

Maria apre lentamente la porta. Guarda nel corridoio. Poi con la mano fa segno ad Augusto di uscire.

---

le scale	stairs
il pianoterra	first floor (AE) / ground floor (BE)
piano piano	very slowly
la barca	boat
morire	to die
l'ingresso *m*	(entrance) hall

I due vanno avanti piano piano per il corridoio, senza parlare e senza fare **rumore**. Per arrivare all'ingresso devono passare davanti alla porta di una stanza. Forse Matilde è lì, in quella stanza? Maria fa segno ad Augusto di aspettare. Va vicino alla porta della stanza e guarda dentro. Poi guarda di nuovo Augusto e **sorride**: anche lì non c'è nessuno. Allora Maria e Augusto vanno dritto **verso** la porta d'ingresso. Sono quasi arrivati.

«Amore! Sei tu?»

È la voce di una donna, fuori della porta! Maria e Augusto si fermano e si guardano.

«Beniamino! Beniamino bello! Tesoro di mamma!» Con gli occhi Maria dice ad Augusto: "Andiamo!" I due tornano indietro per il corridoio e **corrono** dall'altra parte della casa, verso la terrazza.

«Beniamino caro! Hai bisogno di aiuto? Vuoi un coltello più grande? Ma perché non mi rispondi?»

La porta di casa si apre. Entra una donna, con un lungo **arpione** in mano. «Ecco perché non mi rispondi!! Voi due?! **Fermi!!**»

Maria e Augusto sono già sulla terrazza. La spiaggia davanti a loro è **recintata**.

il rumore	noise
sorridere	to smile
verso	towards
correre	to run
l'arpione *m*	harpoon
Fermo!	Stop!
recintato	fenced

«Maria, il mare! C'è solo il mare!»

Velocemente, i due **spingono** la barca in acqua.

«Voi due, in cantina!! Tornate in cantina, ho detto!!» **grida** la donna per il corridoio.

La barca è già in mare. Maria e Augusto hanno l'acqua alle ginocchia.

«Saliamo in barca, Augusto, e poi **remiamo**, con tutta la **forza** che abbiamo!»

Anche la donna entra in acqua, con l'arpione in mano: «Ora vi prendo, come due **spiedini**, e vi riporto subito in cantina!»

Ma i due remano, remano, remano… remano per un minuto, che **sembra** un'ora. Poi Augusto, stanchissimo, si ferma. Allora si ferma anche Maria, lo guarda e sorride.

«Ecco, Augusto, non **volevi** vedere il mare?»

«E **magari** questa volta non **sarà** neanche l'ultima: la donna è lontana…»

«Sì, Augusto, siamo **salvi**. Siamo in mezzo al mare.»

---

spingere	(here:) to push
gridare	to shout
remare	to row
la forza	strength
lo spiedino	brochette
sembrare	to seem
volevi (volere)	you wanted
magari	(here:) maybe, perhaps
sarà (essere)	he/she/it will be
salvo	safe

L'angolo della lingua • 5

17) Fill in Marias compliments with the right form of the adjective *bello* (*bel, bello, bella, bell', bei, begli* or *belle*).

1. Che _____ occhi che hai!
2. Che _____ corpo che hai!
3. Che _____ mani che hai!
4. Che _____ voce che hai!
5. Che _____ capelli che hai!
6. Che _____ uomo che sei!

18) Fill in the sentences with the right form of the possessive adjectives (*mio, tuo* usw.). Add the definite article, if necessary.

1. Mi può dare _____ nome e _____ indirizzo?
2. _____ autoradio è nuova, l'ho comprata qualche mese fa.
3. Augusto, secondo te Matilde vuole _____ soldi?
4. Matilde ha portato _____ figlio Beniamino a fare una visita da uno specialista.
5. Augusto, se _____ moglie non paga, ti devo tagliare un pezzo di orecchio!
6. Augusto e Maria bloccano Beniamino con delle reti da pesca. _____ idea è semplice, ma buona.

19) Clothing. Put the letters into the right order.

1. (gmloaine)   il   _____
2. (ngaon)   la   _____
3. (potcpato)   il   _____
4. (icmacia)   la   _____
5. (atpnalion)   i   _____
6. (getmaliat)   la   _____
7. (stevoti)   il   _____
8. (caciag)   la   _____

20) Review the story again and fill in the gaps with an appropriate family related word.

1. Beniamino è il _____ di Matilde. Matilde è la _____ di Beniamino.
2. Matilde e Beniamino vivono da soli. Ruggero, il _____ di Matilde e _____ di Beniamino, è andato via di casa tanti anni fa.
3. Beniamino è figlio unico: non ha né _____ né _____. Matilde e Ruggero sono i suoi _____.
4. Matilde telefona a Rosa, la _____ di Augusto, per dirle che ha rapito suo marito.
5. Ferdinando, il fratello di Augusto, ha due figli: Ermanno ed Elena. Augusto è lo _____ di Ermanno ed Elena e Rosa è la loro _____.

Key to the exercises

L'angolo della lingua • 1

1) 1. partono, cercano 2. vede 3. capisce, torna
   4. lavori 5. rispondi

2) 1. torna sempre tardi 2. non va mai a casa
   3. pensa sempre al suo lavoro (sempre *normally
   follows the verb*) 4. non trova nessuno 5. non
   ha mai fatto un selfie

3) 1. la stazione 2. l'ufficio postale 3. la farmacia
   4. la fermata (dell'autobus) 5. l'aeroporto 6. il
   supermercato 7. l'edicola 8. il negozio di scarpe

4) 1. matrimoniale, doppia 2. mezza, completa 3.
   colazione 4. balcone 5. parcheggio 6. prenotata

L'angolo della lingua • 2

5) un: prosecco, liquore, succo di frutta, aperitivo;
   uno: spumante; una: grappa, birra; un': aranciata, acqua minerale

6) 1. il latte 2. il pane 3. la verdura 4. la frutta
   5. la carne 6. il pesce 7. il piatto 8. il coltello
   9. la forchetta 10. il cucchiaio

7) 1. le bottiglie 2. i tavoli 3. gli spumanti 4. gli
   antipasti 5. i menù 6. le isole 7. le lezioni 8. i
   bar 9. gli animali 10. le informazioni

8) 1. esco 2. vai 3. dà 4. vengo 5. stanno 6. sa,
   dice 7. faccio

L'angolo della lingua • 3

9) 1. ha preparato 2. ha messo 3. sono andati, hanno preso 4. hanno parcheggiato, sono entrati
10) 1. (Non) Mi piace 2. (Non) Mi piace 3. (Non) Mi piacciono 4. (Non) Mi piacciono 5. (Non) Mi piace 6. (Non) Mi piace
11) 1. mi diverto 2. ti alzi 3. ci vediamo 4. si fermano 5. si chiama
12) 1. in 2. a 3. al 4. dal 5. al 6. in 7. dalla

L'angolo della lingua • 4

13) 1. c'è 2. C'è 3. ci sono 4. c'è 5. ci sono 6. c'è
14) 1. alla 2. all' 3. all' 4. al 5. ai 6. Al
15) 1. il cameriere 2. l'insegnante 3. il medico (il dottore *is also possible*) 4. il segretario 5. il commesso 6. l'autista 7. l'impiegato
16) 1. Puoi/Vuoi 2. voglio 3. deve 4. può 5. possiamo/dobbiamo 6. vuoi

L'angolo della lingua • 5

17) 1. begli 2. bel 3. belle 4. bella 5. bei 6. bell'
18) 1. il Suo, il Suo 2. La mia 3. i tuoi 4. suo 5. tua 6. La loro
19) 1. il maglione 2. la gonna 3. il cappotto 4. la camicia 5. i pantaloni 6. la maglietta 7. il vestito 8. la giacca
20) 1. figlio, madre 2. marito, padre 3. fratelli, sorelle, genitori 4. moglie 5. zio, zia

Vocabulary

The English translations **reflect the context** in which the words and expressions appear in the book.
List of abbreviations: m/masc. = masculine; f/fem. = feminine; sing. = singular; pl/plur. = plural; qn. = *qualcuno* (someone); qc. = *qualcosa* (something); so. = someone; sth. = something; approx. = approximately; lit. = literally; AE = American English; BE = British English

A
a   at, in, to
a bassa voce   in a low voice
a casa loro   to their home
a destra   right (direction)
a fiori   floral
a sinistra   left (direction)
a volte   from time to time
abbandonato   abandoned
abitare   to live (place)
accendere   to turn on
acceso   → accendere
Accidenti!   Damn (it)!
acciuga *f*   anchovy
acqua *f* **(minerale)**   (mineral) water
addio *m*   adieu
addirittura   even
addormentarsi   to fall asleep
adesso   now
aereo *m*   airplane
aeroporto *m*   airport
affare *m*   business
agganciare   to couple up

aglio *m*   garlic
ah   ah, oh
Ah, ecco!   I see! I get it!
aiutare   to help
aiuto *m*   help
al cento per cento   a hundred per cent
albergo *m*   hotel
album *m*   scrapbook
alcuni/e   some
all'estero   abroad
Alla salute!   To your health!
allegro   cheerful
allergia *f*   allergy
allergico   allergic
allora   well (then); then; so
almeno   at least
alternativa *f*   alternative
alto   tall
alto, in ~   at the top
altro   other; another
altro che   so much for
alzare   to lift
alzarsi   to get up
America *f*   America

amicizia *f* friendship
amico/a *m/f* friend
amore *m* love; darling
anche also, too
ancora still; yet; again; (some) more; even
ancora, non … ~ not … yet; still … not
ancora un po' (some) more; a little longer
andare to go
andare avanti to go ahead, to go forward
andare via to go away
andare vicino a to get close to
angolazione *f* angle of vision
angolo *m* corner
animale *m* animal
anno *m* year
anno *m* **fortunato** lucky year
antico ancient
antipasto *m* appetizer
antipatico unpleasant, unfriendly
anziano elderly
aperitivo *m* aperitif
aperto open
appartamento *m* apartment, flat
appena just
appuntamento *m* appointment
aprire qc. to open sth.
aprirsi to open

aranciata *f* orangeade, orange soda
area *f* **di sosta** rest area
argomento *m* subject
armadio *m* wardrobe
arpione *m* harpoon
arrestare to arrest
arrivare to arrive
arrivederci goodbye
arrivo *m* arrival
ascoltare to listen (to)
aspetta wait
aspettare to wait (for)
aspettarsi to expect
assicurazione *f* insurance company
assolutamente absolutely, at all costs
assomigliare a to look like
atomo *m* atom
attimo *m* instant
attività *f* activity
attivo active
attore/attrice *m/f* actor/actress
attraversare to cross
autista *m/f* driver
auto(mobile) *f* car
autobus *m* bus
autoradio *f* car radio
autostrada *f* freeway (AE) / motorway (BE)
Avanti! Come on!
avanti, andare ~ to go ahead, to go forward
avere to have

avere a che fare con qn. to have sth. to do with so.

avere bisogno di to need

avere ragione to be right

aveva (avere) he/she/it had

avevo (avere) I had

avvicinare l'orecchio a to place one's ear against

avvicinarsi a to approach

azzurro azure

B

baccalà *m* dried and salted cod

bagagliaio *m* trunk (AE) / boot (car) (BE)

bagno *m* bathroom

balcone *m* balcony

bambino/a *m/f* child

banca *f* bank

bar *m* café

barba *f* beard

barca *f* boat

barca *f* **a vela** sailing boat

bassa voce, a ~ in a low voice

basta that's enough; that's it

beh well

bello beautiful

bene well (adverb)

benzina *f* gasoline (AE) / petrol (BE)

bere to drink

Berlino Berlin

bevuto → bere

bianco white

bicchiere *m* glass

biglietto *m* slip of paper

biondo blond(e)

birra *f* beer

bisogno, avere ~ di to need

bistecca *f* steak

bloccare to trap, to hold

bocca *f* mouth

bomba *f* bomb

borsa da spiaggia *f* beach bag

borsetta *f* handbag

bosco *m* wood(s)

bottiglia *f* bottle

braccio *m*, **braccia** *f* arm

bravo good, capable; well done!

bravo, il più ~ the best ("the most capable")

brutto bad, nasty

buonasera good evening

buongiorno good morning, good afternoon

buono good; benevolent

bustina *f* sachet

buttare to throw

buttare la pasta to put pasta into boiling water

buttare via to throw away

C

c'è / ci sono there is/are

c'era (esserci) there was

cadere to fall

Calabria *f* Calabria

calle *f*   street in Venice
cambiare   to change
camera *f*   bedroom
cameriere/a *m/f*   waiter/waitress
camicia *f*   shirt, blouse
camminare   to walk
campeggio *m*
  campground (AE) /
  campsite (BE)
canale *m*   canal
cantante *m/f*   singer
cantina *f*   cellar
capelli *mpl*   hair (head)
capire   to understand
capitano *m*   captain
capo *m*   boss
capo *m* ufficio   office
  manager
cappotto *m*   coat
cappuccino *m*   cappuccino
carabiniere *m*   carabiniere
carne *f*   meat
caro   dear; expensive
caro/a *m/f*   darling
casa *f*   house, home
caso *m*   case
cassetto *m*   drawer
castano   auburn, chestnut
castello *m*   castle
cattivo   bad, evil
ce l'ha   you (formal) have
  (got); he/she/it has (got)
cellulare *m*   cellular phone
  (AE) / mobile phone (BE)

cena *f*   dinner, supper
cento   hundred
cento, al ~ per ~   a
  hundred per cent
centocinquantamila   one
  hundred (and) fifty thousand
centomila   one hundred
  thousand
centro *m*   (city) center (AE)
  / (city) centre (BE)
cercare   to look for
Cercascuse   (lit.:) excuse
  seeker
certamente   certainly, sure
certo   sure
che   that; that, which,
  who(m); what, which;
  what (a)
che cosa   what
chi   who
chiacchiera *f*   chatter
chiamare   to call; to name
chiamare aiuto   to call for
  help
chiamarsi   to be called
chiaro   clear; bright
chiave *f*   key
chiedere qc. a qn.   to ask
  so. sth.
chilo(grammo) *m*   kilogram
chilometro *m*   kilometer
  (AE) / kilometre (BE)
chiudere   to close
chiuso   → chiudere

ci   here, there; (about, of) it, that; (to) us; ourselves; each other

ci sono   there are

ciao   hello, hi; bye-bye

cielo *m*   sky

Cin cin!   Cheers!

cinese   Chinese

cinque   five

cinquecento   five hundred

cipolla *f*   onion

circa   about

città *f*   city

clan *m*   clan

cliente *m/f*   customer

club *m*   club

colazione *f*   breakfast

collega *m/f*   colleague

collezione *f* **di francobolli**   etchings (flirtation); (lit.:) stamp collection

collo *m*   neck

colore *m*   colo(u)r

Colosseo *m*   Colosseum

colpa *f*   fault

colpo *m*   coup

coltello *m*   knife

come   like, as; how; sorry?, pardon?

come, Ma ~?   What?; What are you trying to say?

come no   of course

cominciare   to start, to begin

commentare   to comment on

commercio *m*   commerce

compito *m*   task

completamente   completely

completare   to complete

complice *m/f*   accomplice

complimento *m*   compliment

comprare   to buy

comunque   anyway

con   with

con la pistola puntata   with his pistol drawn

conoscere   to know

conosciuto   well-known

contatto *m*   contact

contento   satisfied; happy

controllare   to check, to control

convincere   to convince

coppia *f*   couple

corpo *m*   body

correre   to run

corridoio *m*   corridor, hallway

corto   short

corto, sempre più ~   shorter and shorter

cosa   what

cosa *f*   thing

(Che) Cosa c'è?   What's the matter? What's up?

Cosa c'è da …?   What is there to …?

così   so

costa *f*   coast

costretto   → costringere

costringere qn. a fare qc. to force so. to do sth.

costume *m*   costume

credere a qn./qc.   to believe so./sth.

criminale *m/f*   criminal (also adjective)

crimine *m*   crime

cucchiaio *m*   spoon

cucina *f*   kitchen

cultura *f*   cultural level, education

curioso   curious

D

d'accordo, essere ~   to agree

d'oro   golden

da   from, out of, by; to, at; since, for

da nessuna parte   nowhere

da oggi   from today

da parte Sua   of you

da qualche altra parte   somewhere else

da quando   since

da ragazzo   as a young man

da solo/a   alone

Dai!   Come on!

danno *m*   damage

dare   to give

dare su   to look onto

darsi del tu   to be on first-name terms

darsi delle arie   to give oneself airs

davanti   in front

davanti a   in front of

davvero   really

debole   weak

decidere   to decide

decisione *f*   decision

deciso   → decidere

delfino *m*   dolphin

dentro   inside

denuncia *f*   report of a crime

derubare   to rob

deserto *m*   desert

destra, a ~   right (direction)

dettaglio *m*   detail

detto   → dire

di   of; from; by; about; some; than

di corsa   quickly

di fronte a   opposite to

di nuovo   again

di più   more

di più, sempre ~   more and more

di solito   usually, normally

dica   tell (me) (formal)

dieci   ten

diecimila   ten thousand

dietro di lui   behind him

difendersi   to defend oneself

differenza *f*   difference

difficile   difficult

diffuso   widespread

dimenticare   to forget

dio *m* god
Dio mio! Oh my God!
dire to say, to tell
diretto direct
direttore/direttrice *m/f*
  manager
direzione *f* direction
disciplina *f* discipline
  (area of study)
discutere to discuss, to
  argue
dispiace, mi ~ I'm sorry
distributore *m* **(di ben-**
  zina) filling station
disturbare to disturb
divano *m* sofa
diventare to become
diverso different
divertirsi to enjoy oneself,
  to have fun
documentario *m* docu-
  mentary
documento *m* document
dolce sweet
dolce *m* cake
domanda *f* question
domani tomorrow
domestica *f* housemaid
Don (approx.:) Lord (title)
donna *f* woman
dopo after, afterwards;
  later; next
doppio, camera ~a twin
  room
dormire to sleep
dottore/dottoressa *m/f*
  doctor

dove where (to)
dovere must, to have to
Driiiiiin! (the sound that
  a bell makes)
dritto straight (ahead)
droga *f* drugs
due two
duecento two hundred
dunque well, so
duro hard

E
e and
ecco here/there; (you)
  see, (so) there; well
ecco, Ah, ~! I see! I get
  it!
ecco perché that's why
ecco qua here it is
eccoli here they are
eccolo (là) there it is
eccomi (qua) here I am
ed altro and even more
edicola *f* newsstand
eh no oh no
eh sì oh yes
ehi hey
ehm hm
elegante elegant
eliminare to eliminate
emergenza *f* emergency
enciclopedia *f* encyclope-
  dia
enorme huge
entrare to enter, to walk
  in(to)
entri come in (formal)

era (essere)   he/she/it was
eroe *m*   hero
esattamente   exactly
esatto   right, exact
esemplare *m*   paragon
esistere   to exist
esperienza *f*   experience
esperto/a *m/f*   expert
esserci   to be here/there
essere   to be
essere riconosciuto   to be recognized
essere stanco di   to be tired of
estate *f*   summer
estero, all'~   abroad
età *f*   age
Etcì!   Achoo!
euro *m*   euro
europeo *m / f*   European
ex *m/f*   ex

F
fa   ago
faccia *f*   face
falso   fake(d)
fame *f*   hunger
famoso   famous
fan *m/f*   fan
fantastico   fantastic
fare   to make, to do
fare del male a qn.   to hurt so.
fare le scale   to take the stairs
fare male   to hurt
fare piacere   to be pleased

far(e) preparare qc.   to have sth. prepared
fare presto   to hurry up
fare qc. a qn.   to do sth. to so.
fare un brindisi   to drink a toast
fare una brutta fine   to come to a bad end
fare, avere a che ~ con qn.   to have sth. to do with so.
farmacia *f*   pharmacy
fatto   → fare
favore, per ~   please (requests)
fazzoletto *m*   handkerchief
fermarsi   to stop; to stall
fermata *f* **dell'autobus**   bus stop
Fermo!   Stop!
fetta *f*   slice
fidarsi di   to trust
figlio/a *m/f*   son/daughter
figlio/a unico/a *m/f*   only child
filosofo/a *m/f*   philosopher
finale *m*   ending
finalmente   at last
fine *f*   end
fine *m* **settimana**   weekend
finestra *f*   window
finestrino *m*   window (of a vehicle)
finire   to finish, to end; to end up, to land

finire sott'acqua   to end up underwater

fino a   as far as, to

finora   so far

fiore, a ~i   floral

fondo, in ~ a   at the end/bottom of

forchetta *f*   fork

forma *f*   shape

forse   maybe

forte   strong

forte, il più ~   the strongest

fortunato   lucky

forza *f*   strength

foto(grafia) *f*   photo

fotografare   to photograph

fotografico   photographic

fotografo/a *m/f*   photographer

francobollo *m*   postage stamp

Francoforte *f*   Frankfurt

fratelli *mpl*   brothers and sisters

fratello *m*   brother

freddo   cold

fresco   fresh, refreshing

fretta *f*   hurry

fretta, avere ~   to be in a hurry

frigo(rifero) *m*   fridge, refrigerator

frutta *f*   fruit

frutti *mpl* **di mare**   seafood

fuori   outside, out of

furto *m*   theft

G

gara *f*   race

garage *m*   garage

gatto *m* **persiano**   Persian cat

gemello/a *m/f*   twin

genitori *mpl*   parents

gente *f*   people

gentile   kind, polite

gentilezza *f*   kindness

gesto *m*   gesture

gettare   to throw

già   already

giacca *f*   jacket

giardino *m*   garden

ginocchio *m*, **ginocchia** *f*   knee

gioco *m*   game

giornale *m*   newspaper

giornalista *m/f*   journalist

giornata *f*   day, course of the day

giorno *m*   day

giovane   young

girare   to turn (direction)

girare intorno a   to walk around

giro *m*   ride

giro *m* **del mondo**   journey around the world

giro, prendere in ~ qn.   to take so. for a ride, to pull so.'s leg

giusto   right, correct

gli   the (definite article, masc. plur.); (to) him; (to) them

godersi   to enjoy

gondola *f*   gondola (Venetian boat)

gondoliere/a *m/f*   gondolier (gondola driver)

gonna *f*   skirt

grammo *m*   gram

grande   big

grappa *f*   grappa (Italian alcoholic beverage)

grave   bad, serious

grazie   thank you

Grecia *f*   Greece

greco/a *m/f*   Greek

gridare   to shout

grosso   bulky

guarda   look

guardare   to watch, to look at

guidare   to drive

gustarsi   to enjoy

H
hobby *m*   hobby

hotel *m*   hotel

I
i   the (definite article, masc. plur.)

idea *f*   idea

idiota *m/f*   idiot

ieri   yesterday

il   the (definite article, masc. sing.)

il più bravo   the best ("the most capable")

il più forte   the strongest

immagina di   imagine that

immaginarsi   to imagine

imparare   to learn

imparare a memoria   to learn by heart

importante   important

imprenditore/imprenditrice *m/f*   entrepreneur

in   in; into, to; within

in alto   at the top

in fondo a   at the end/bottom of

in fondo al mare   on the sea floor

in meno   less

in mezzo a   in the midst/middle of

in più   more; further

in qualche modo   somehow

in silenzio   silently

in testa   ahead (competition)

incarico *m*   job

incidente *m*   accident

incontrare   to meet

incredibile   incredible

indietro   backwards

indietro, tornare ~   to turn back, to come back

indirizzo *m*   address

informazione *f*   piece of information

inglese   English

ingrandire   to enlarge

ingresso *m*   (entrance) hall
iniziare   to start, to begin
insalata *f* **di mare**   seafood salad
insegnante *m/f*   teacher
insegnare   to teach
insieme   together
insomma   in short; well then
intanto   in the meantime
intelligente   intelligent
interessante   interesting
interessarsi di   to be interested in
interessato   interested
interesse *m*   interest
intuizione *f*   intuition
invece   instead; on the contrary
invitare   to invite
io   I
isola *f*   island
italiano/a *m/f*   Italian

J
jeans *mpl*   jeans

L
l'   the (definite article, masc. and fem. sing.)
la   the (definite article, fem. sing.); her
La   you (direct object, formal)
là in fondo   over there
lacrima *f*   tear
lago *m*   lake

Lago *m* **di Como**   Lake Como
lasciare   to leave; to let so. (go)
lato *m*   side
latte *m*   milk
lavorare   to work
lavoro *m*   work, job
le   the (definite article, fem. plur.); (to) her; them (fem. plur.)
Le   (to) you (formal)
legato   tied
leggere   to read
leggero   light
lei   she
Lei   you (formal)
lentamente   slowly
leone *m*   lion
letto *m*   bed
lezione *f*   lesson
li   them (masc. plur.)
lì   there
libero   free
libro *m*   book
Liguria *f*   Liguria
limone *m*   lemon
lingua *f* **straniera**   foreign language
liquore *m*   liqueur
lista *f*   list
lo   the (definite article, masc. sing.); him, it
lo stesso   all the same
localizzare   to locate
lontano da   far away from
loro   they; them; their

loro, a casa ~ to their house

luce *f* light

lui he

luna *f* moon

lungo long

lusso *m* luxury

M

ma but

Ma come? What?; What are you trying to say?

ma insomma for heaven's sake

macchia *f* spot

macchina *f* car

macchina *f* **fotografica** camera (for photos)

madre *f* mother

magari maybe, perhaps

maggioranza *f* majority

maglietta *f* T-shirt

maglione *m* sweater, pullover

mai never; ever

mai, non ... ~ never

mail *f* e-mail

male bad(ly)

male, fare del ~ a qn. to hurt so.

male, fare ~ to hurt

mamma *f* mommy (AE) / mummy (BE)

mancare to be missing

mandare to send

mandare via to send away

mangiare to eat

Mannaggia! Damn!

mano *f* hand

Mar Ionio Ionian Sea

mare *m* sea

maresciallo *m* (approx.:) warrant officer

marito *m* husband

materasso *m* mattress

matrimoniale, camera ~ double room

me me

meccanico *m* mechanic

medaglia *f* **(d'oro)** (gold) medal

medicina *f* medicine

medicinale *m* medicine

meglio better

meglio di no rather not

meno, in ~ less

menta *f* mint

mente, tornare in ~ to come to mind again

mente, venire in ~ to come to mind

menù *m* menu

mercato *m* market

mese *m* month

messaggio *m* message

messo → mettere

metà *f* half; middle

metro *m* meter (AE) / metre (BE)

mettere to put, to lay; to pour

mettere alla prova to put to the test

mettere via to put away

mettersi to put oneself

mezza pensione *f* half board

Mezzacalzetta (approx.:) small potato; (lit.:) half sock

mezzo half (a)

mezzo, in ~ a in the midst/middle of

mi (to) me; myself

mi dica tell me (formal)

mi dispiace I'm sorry

mica, non ... ~ (approx.:) not ... at all, certainly not

Milano *f* Milan

mille thousand

minacciare to threaten

minestrone *m* minestrone, vegetable soup

minuto *m* minute

mio my

mobile *m* piece of furniture

modello/a *m/f* (fashion) model

modo *m* way, manner

modo, in qualche ~ somehow

moglie *f* wife

molto very; very much; a lot of

momento *m* moment

Monaco *f* Munich

mondo *m* world

montagna *f* mountain

morire to die

morto dead; → morire

mostrare to show

motore *m* engine

muoversi to move

museo *m* museum

N

Napoli *f* Naples

nascondere to hide

nascondersi to hide oneself

nascosto → nascondere

naturalmente of course, naturally

nave *f* ship

nazionalità *f* nationality

ne of/about it/them etc. (mostly not translated)

né ... né (n)either ... (n)or

neanche neither, nor; not ... either; not ... even

neanche, senza ~ without even

necessario necessary

negozio *m* store, shop

negozio *m* **di scarpe** shoe store (AE) / shoe shop (BE)

nessuno nobody, anybody (pronoun); no, any (adjective)

niente nothing, anything; no

no no

no? didn't you? isn't it? etc.

no, come ~ of course

noi we; us

noioso boring

nome *m* name

non not, no

non ... ancora not ... yet; still ... not

non ... mai never

non ... mica (approx.:) not ... at all, certainly not

non ... né ... né (n)either ... (n)or

non ... neanche not ... either; not ... even

non ... nessuno nobody, anybody; no ..., not ... any

non ... niente nothing, not ... anything

non ... più not any longer, not any more

non ... qualsiasi not just any ...

non deve preoccuparsi you don't need to worry (formal)

non fa niente it doesn't matter

non preoccuparti don't worry

non si preoccupi don't worry (formal)

non vedere l'ora di can hardly wait to

Nord *m* North

normale normal

nostro our

notizia *f* piece of news

notte *f* night

numero *m* number

nuotare to swim

nuovo new

nuovo, di ~ again

O

o or

o ... oppure either ... or

occasione *f* opportunity

occhio *m* eye

occuparsi di to take care of

occupato booked up

offrire to offer

oggi today

oggi, da ~ from today

ogni every

ogni tanto from time to time

oh oh

onore *m* honour

oppure or

ora now

ora *f* hour; time (hour)

ordinazione *f* order

orecchio *m*, **orecchie** *f* ear

organizzatore *m* organizer

originale original

originale *m* original

oroscopo *m* horoscope

ospedale *m* hospital

ospite *m/f* guest

osso *m* **duro** hard nut to crack; (lit.:) a hard bone

ottocento eight hundred

P

pacchetto *m*   small parcel

pacco *m*   parcel

pacco *m* regalo   gift package

padre *m*   father

paese *m*   country

pagare   to pay

pagina *f*   page

paio, un ~ di   a couple of

Palermo *f*   Palermo

pane *m*   bread

panico *m*   panic

panorama *m*   panorama

pantaloncini *mpl* da bagno   swim shorts

pantaloni *mpl*   pants (AE) / trousers (BE)

parcheggiare   to park

parcheggio *m*   parking area

parete *f*   wall

parlare   to talk, to speak

parola *f*   word

parola *f* d'ordine   code word

parte, dall'altra ~   on the other side

particolare   particular, special

partire   to leave, to depart

passamontagna *m*   balaclava

passare   to spend (time); to pass by

passeggiata *f*   walk

passe-partout *m*   master key

passione *f*   passion

passo *m*   footstep

pasta *f*   pasta

pasticceria *f*   confectioner's shop

paura *f*   fear

paziente *m/f*   patient

pazzo/a *m/f*   madman/ madwoman

pensare a/di   to think about/of

pensiero *m*   thought

pensione *f*   board and lodging

pensione *f* completa   full board

pensione *f*, mezza ~   half board

per   for; because of; (in order) to; through; by, via

per cento   per cent

per favore   please (requests)

perché   why; because

perdere   to lose

perdersi   to get lost

perfetto   perfect

pericolo *m*   danger

Permesso?   May I come in?

permettere   to allow

però   but

perso   → perdere

persona *f*   person

Perù *m*   Peru

pesante   heavy

pesca, rete *f* da ~   fishing net

pescatore *m*   fisherman

pesce *m*   fish

pesce *m* palla   balloon fish

petrolio *m*   oil

pezzo *m*   piece

piacere   to like

piacere, fare ~   to be pleased

piaciuto   → piacere

piano   slowly

piano *m*   floor

piano piano   very slowly

pianoterra *m*   first floor (AE) / ground floor (BE)

piatto *m*   plate; dish

piazzetta *f*   small square

piazzola *f*   campsite (AE) / camping pitch (BE)

piccolo   small

pieno   full

pietra *f*   stone

pistola *f*   pistol

più   more

più volte   several times

più, di/in ~   more

più, il ~ bravo   the best ("the most capable")

più, il ~ forte   the strongest

più, non … ~   not any longer, not any more

pizza *f*   pizza

pizzeria *f*   pizzeria

po', ancora un ~   (some) more; a little longer

po', senti un ~   listen (up)

po', un ~   a bit, a little

po', un ~ di   some

poco   little, few

poco dopo   shortly after

poco, tra ~   shortly, soon

poi   then, later

politico/a *m/f*   politician

polizia *f*   police

poliziotto/a *m/f*   policeman/policewoman

polvere *f*   powder

Porca miseria!   (approx.:) Bloody hell!

porta *f*   door

portafortuna *m*   lucky charm

portare   to bring; to take; to get; to carry; to drive; to lead; to put

portare via   to take away

porzione *f*   portion

possibile   possible

posto *m*   place

potere   can; may; to be allowed

poverino/a   poor you

pranzo *m*   lunch

preferire   to prefer

preferito   favo(u)rite

pregare   to ask, to beg

prego   pardon?; please; you're welcome

prendere   to take; to catch; to pick up

prendere in giro qn. to take so. for a ride, to pull so.'s leg

prenotato reserved

preoccuparsi to worry

preparare to prepare

presentare denuncia to report a crime (to the police)

preso → prendere

prestare to lend

presto early

Presto! Quick!

presto, fare ~ to hurry up

prima before; first

prima di before

primo first

privato private

probabilmente probably

problema *m* problem

prof → professore

professore/professoressa *m/f* professor

profumo *m* scent

Pronto? Hello? (phone)

proprio exactly; really; just

prosecco *m* prosecco (Italian white wine)

prospettiva *f* perspective

prossimo next

prova *f* test, trial

prova, mettere alla ~ to put to the test

provare a fare to try to do

pubblicità *f* publicity

punto *m* **di arrivo** arrival point

punto *m* **di vista** point of view

purtroppo unfortunately

Q

qua here

qualche some, any

qualcos'altro something else

qualcosa something

qualcun altro someone else

qualcuno someone

quale what, which

qualità *f* quality

qualsiasi, non ... ~ not just any ...

quando when

quando, da ~ since

quantità *f* quantity

quanto how much/many

quasi almost, nearly

quattro four

quello that

quello che what; the one who

questione *f*, **una ~ di** a matter of

questo this

qui here

R

raccontare to tell

ragazzo/a *m/f* boy, young man / girl, young woman

raggiungere to catch up with

raggiunto → raggiungere

ragione, avere ~ to be right

rapina *f* robbery

rapire to kidnap

reagire to react

reazione *f* reaction

recintato fenced

regalo *m* gift, present

regata *f* regatta

relax *m* relaxation

remare to row

restare to stay, to remain

rete *f* **(da pesca)** (fishing) net

ricco rich

ricevere to receive

ricominciare da capo to start again from scratch

riconoscere to recognize

riconosciuto → riconoscere

ricorda remember

ricordare to remember

ridere to laugh

rifiuti *mpl* **nucleari** nuclear waste

rilassarsi to relax

ringraziare to thank

ripetere to repeat

riportare to bring back

RIS (Reparto Investigazioni Scientifiche) crime scene investigation unit (carabinieri)

rischioso risky

riservato confidential

risolto → risolvere

risolvere to solve

risotto *m* risotto

rispondere a to answer

risposta *f* answer

ristorante *m* restaurant

ritmo *m* rhythm

riuscire a fare qc. to succeed in doing sth.

riva *f* shore

rivale *m/f* rival

romano/a *m/f* Roman

romantico romantic

rosso red

rotta *f* route

roulotte *f* (pronunciation: *rulòt*) camper (trailer) (AE) / caravan (BE)

rubare to steal

rumore *m* noise

ruotare to rotate

S

salire to get on; to climb

salsiccia *f* sausage

salutare to greet; to say good-bye

Salute! Bless you!

salute, Alla ~! To your health!

salvare to save

salvarsi la pelle to save one's own skin

salve hello

salvo safe

Santo cielo! (approx.:) Good heavens!

sapere to know; can, to be able to

sarà he/she/it will be

sbagliare to miss

sbrigare to carry out, to settle

scaduto spoiled

scala f stairs

scarpa f shoe

scegliere to choose

scendere to get out

schermo m screen

scimmia f monkey

sconosciuto/a m/f stranger

scoperto → scoprire

scoprire to discover

scrivere to write

scuro dark

scusa forgive me; I'm sorry

scusa f excuse

scusi pardon?; forgive me; I'm sorry; excuse me (formal)

scusi, mi ~ forgive me (formal)

se if; whether

sé, pensa tra ~ he/she thinks to himself/herself

secondo according to

secondo second

secondo m second

secondo me/te in my/ your opinion

sedersi to sit down

sedia f chair

segno m sign

segno m **zodiacale** zodiac sign

segretario/a m/f secretary

seguire to follow

selfie m selfie

semaforo m traffic light

sembrare to seem

semplice simple

semplicemente simply

sempre always

sensazione f feeling

senso m sense

senta listen (formal)

senti (un po') listen (up)

sentire to hear; to listen; to smell

sentir(e) parlare di to hear about

sentirsi to feel

senza without

senza neanche without even

senza scrupoli unscrupulous

seppia f cuttlefish; sepia (colour)

sera f evening

serata f evening, course of the evening

serio serious

servire to need; to be necessary; to serve

servizio m service

settantacinquemila seventy-five thousand

settimana *f* week

si you (people in general); himself, herself, themselves; each other

sì yes

sicuramente certainly

sicuro sure

significare to mean

signora *f* lady, Madam

signore *m* (gentle)man, Sir, Mr

signorina *f* Miss

simpatico likeable, pleasant

singolo single

sinistra, a ~ left (direction)

situazione *f* situation

smesso → smettere

smettere di fare qc. to stop doing sth., to give sth. up

soggiorno *m* living room

sogno *m* dream

soldi *mpl* money

sole *m* sun

solito, di ~ usually, normally

solo only, just; alone

solo/a, da ~ alone

soltanto only

soluzione *f* solution

sopportare to bear

sorella *f* sister

sorpresa *f* surprise

sorridere to smile

sosta *f* stop

sotto under

spaccio *m* di droga drug pushing

spaghetti *mpl* spaghetti

speaker *m/f* speaker, announcer

speciale special

specialista *m/f* specialist

spedire to send

sperare to hope

spesso often

spettacolo *m* spectacle

spiaggia *f* beach

spiedino *m* brochette

spiegare to explain

spiegazione *f* explanation

spingere to push

spiritoso funny

spontaneo spontaneous

sportivo/a *m/f* sportsman/sportswoman

sposato married

spumante *m* sparkling wine

squadra *f* team

stanco tired

stanza *f* room

stare to be, to be located; to stand, to lie; to stay

stare attento a to pay attention to

stare via to stay away

stasera this evening, tonight

stato → essere

statua *f* statue

113

stazione *f*   station
stella *f*   star
stesso   same
stesso, lo ~   all the same
storia *f*   history
storico   historical
storto   upside-down
strada *f*   street
straniero, lingua *f* ~a
  foreign language
strano   strange
stress *m*   stress
stressante   stressful
studente/studentessa *m/f*
  student
studiare   to study
studio *m*   studies; study
  (room)
su   on, over; about
Su!   Come on!
subito   immediately, at
  once
succedere   to happen
successo   → succedere
succo *m* di frutta   fruit
  juice
suo   his; her
Suo   your (formal)
suonare   to sound
superare   to stand; to pass,
  to overtake
supermercato *m*   super-
  market
sveglia *f*   alarm clock
svegliare   to wake
svegliarsi   to wake (up)

T

tablet *m*   tablet computer
talento *m*   talent
tamponare una macchina
  to run into a car (from behind)
tanto   much/many; a lot
  (of); so much; anyway
tanto, ogni ~   from time
  to time
tardi   late
tasca *f*   trouser pocket
tavolo *m*   table
te   you (direct object)
tedesco/a *m/f*   German
telefonare a   to phone/call
telefonino *m*   cellular
  phone (AE) / mobile phone
  (BE)
telefono *m*   telephone
televisione *f*   television
tema *m*   subject
tempo *m*   time
tenere   to keep
tenere puntato qc. verso
  qn.   to point sth. at so.
terra *f*   ground
terrazza *f*   terrace
terzo   third
tesi *f* (di laurea)   (under-
  graduate) thesis
tesoro *m*   treasure; darling
testa *f*   head
testa, in ~   ahead (competition)
ti   (to) you; yourself
tipo *m*   type; guy

tirare fuori   to take out
titolo *m*   headline
toccare   to touch
tornare   to return, to go back
tornare a dormire   to start sleeping again
tornare a vincere   to start winning again
tornare in mente   to come to mind again
tornare indietro   to turn back, to come back
torre *f*   tower
Toscana *f*   Tuscany
tra   in (future); between
tra poco   shortly, soon
tra sé, pensa ~   he/she thinks to himself/herself
traffico *m*   traffic
traffico *m* **di droga**   drug trafficking
tram *m*   streetcar (AE) / tram (BE)
tramonto *m*   sunset
tranquillo   calm
trasportare   to transport
tre   three
treno *m*   train
trenta   thirty
triste   sad
troppo   too; too much/ many
trota *f*   trout
trovare   to find
trovarsi   to be, to be situated

tu   you
tuffarsi (in acqua)   to dive into water
tuo   your
turista *m/f*   tourist
tutti/e   everyone, everybody
tutto   all; the whole; everything; every

U

Uffa!   (approx.:) Sheesh!
ufficio *m*   office
ufficio *m* **postale**   post office
ultimo   last
un   a/an (indefinite article)
un paio di   a couple of
un po'   a bit, a little
un po', ancora ~   (some) more; a little longer
un po' di   some
un po', pensa ~   (approx.:) fancy that
un po', senti ~   listen (up)
una   a/an (indefinite article)
una questione di   a matter of
unico   unique, sole
università *f*   university
universitario   university (as adjective)
uno   one; a/an (indefinite article)
uomo *m*, **uomini**   man
uovo *m*, **uova** *f*   egg
usare   to use

uscire to come out, to go out, to get out
utile useful

V
vacanza f holiday
valigia f suitcase
vedere to see
vedersi to see each other
veloce fast, quick
velocemente fast (adverb)
vendere to sell
Venezia f Venice
venire to come
venire in mente to come to mind
vento m wind
venuto → venire
veramente actually; really
verdura f vegetable
verità f truth
vero true
vero? right?
versare to pour
verso towards
vestito m clothing; dress, suit
vi (to) you (object, plur.); yourselves; each other
via away
via f street
vicino a near, beside
vicino, andare ~ a to get close to
vicino/a m/f neighbo(u)r
vieni come
villa f villa

vincere to win
vino m wine
vinto → vincere
visita f medical examination
visitare to examine (medicine)
viso m face
vista f **sul mare** sea view
visto → vedere
vita f life
vivere to live
voce f voice
voglia f desire, wish, will
voi you (plur.)
(squadra) volante f police patrol
volentieri with pleasure
voler dire to mean
volere to want
voleva (volere) he/she/it wanted
volevi (volere) you wanted
volta f time (how often something happens)
volte, a ~ from time to time
vongola f clam
vorrei I'd like
vostro your (plural)
vuoto empty

Z
zio/a m/f uncle/aunt
zona f zone, area
zucchero m sugar
zuppa f soup

Printed in Great Britain
by Amazon

43660815R00068